KB021094

오 년 차 장대리는 왜 호주로 떠났을까?

오 년 차 장대리는 왜 호주로 떠났을까?

장문식 지음

마음세상

들어가는 글

"네가 사업을 한다고? 문식아, 얼른 취직해서 자리나 잡아라. 방황 그만하고!"

백문이 불여일견이라 하지 않는가? 나는 한 번뿐인 인생 다 경험해 보리라! 학창시절, 직장생활, 해외 생활, 종교 활동을 경험하면서 나와 세상에 대한 이해를 넓혔다. 그리고 깨달았다. 그간 시도하지 못하게 했던 두려움에는 실체가 없었음을.

그간 인생을 살면서 경험한 이야기를 들려주고 싶었다. 때로는 무모하게 때로는 용감하게 꿈을 향해 욕망을 향해 도전해 왔다. 여러 직장생활을 해보고 직장생활을 정의할 수 있게 되었다. 여러 명의 이성 교제를 통해서 나와 맞는 스타일을 생각할 수 있게 되는 것과 마찬가지다. 한 번의 이성 교제 경험만으로 해피엔딩으로 이어지면 얼마나 좋겠냐만, 현실에서는 흔치 않은 일이다. 우리는 겪어봐야 알 수 있다.

행동하지 않은 상태에서의 계획은 탁상공론일 뿐이다. 왜냐하면, 해보지 않고서는 돌발적으로 발생하는 변수를 예측할 수 없기 때문이다.

모태신앙으로 태어나 선데이 크리스천으로 성장했다. 30쯤 되었을 땐 열성 성도가 되었다. 오래 가지 않아 교회에서 해석해주는 성경에 대해 어릴 적 품었던 궁금증이 살아나면서 다른 종교들도 탐방하게 된다. 편입학, 복수전공을 하면서 게임공학과, 식품영양학과, 경영학과를 경험했다. 군에서는 폭력사건에 연루되어 전출되어 2개 부대를 경험했다. 5년 동안 4개의 회사에서 정 직원으로 근무했다. 뉴질랜드, 호주로 워킹홀리데이를 다녀왔다. 농장, 상점, 접시닦이, 청소, 서빙 등의 일을 경험했다. 싱가포르 현지회사에서 근무했다. 귀국하여 보험영업을 해보기도 했다. 지금도 계속해서 새로운 일에 도전하고 있다.

위에 열거했듯이 나이에 비교해 경험이 많다. 이유는 다양하다. 경험을 쌓으려고 취직했고, 힘들어서 이직했다. 성공하려 도전했지만, 실망하고 포기했다. 도피목적으로 해외에 갔고, 생계를 위해 일했다. 편하게 일하려고 싱가포르에 가서 합리적인 환경에서 편하게 일했다.

대한민국에서 다양한 경험은 내게 열등감으로 남았었다. 이직할 때 면접관들은 금방 또 그만둘 거냐고 꼭 물어봤다. 그들이 보기에는 끈기없어 보였으리라 생각된다.

외국에 가니 오히려 다양한 경험을 했다고 좋게 평가받았다. 같은 사실도 관점에 따라 달리 해석될 수 있다. 열등감에서 벗어나 스스로를 다르게 평가해봤다. 다양한 경험은 다양한 관점을 가질 수 있는 장점이 있어 다양한 사람을 포용한다. 또한, 사업구상에서 다양한 경험을 토대로 창의적인 아이템이 떠오르기도 한다.

많은 젊은이가 나와 비슷한 시기에 비슷한 고민을 했으리라 생각한다. 우리는 젊다. 살아야 할 날이 많이 남아 있다. 욕심과 야망이 살아있다. 그들에게 나의 이야기를 들려줌으로써 위로를 받고 간접 경험을 하기를 바란다. 그리고 깨닫기를 바란다. 세상에 실패란 없음을. 다만 시행착오일 뿐 발전하고 있다고.

제1장
내 멋대로 멋대로 산다고 해서
인생이 망할까?

별생각 없이 어린 시절을 보냈다. 딱히 공부해야겠다고 생각해보지 않았고 나 같은 놈은 해도 안 될 것 같았다. 초등학교 다닐 때는 공부 안 해도 티가 안 났다. 시골이라 그런지 공부하는 친구들이 없었고, 시험은 찍어도 상위권이었다. 중학교 1학년 때까지는 어느 정도 유지가 되었다.

고등학교 입시 때가 되어 담임 선생님이 불렀다. 좋은 고등학교에 갈 성적이 안 되니 하향 지원하라고 하셨다. 평생 공부 한 자 해보진 않았지만, 안 좋은 학교에 들어가서 공부를 포기한 사람으로 인식되고 싶지 않았다. 그냥 내 마음대로 좋은 고등학교에 지원했다. 다행히 운이 좋아 지원한 학교가 정원 미달되었다. 60년 학교 역사 중에 처음 있는 일이었다. 덕분에 알량한 자존심을 지킬 수 있었다. 어려서부터 나는 운이 좋은 사람이다.

욕심은 있는데 노력은 하지 않는 사람이다. 욕심이 있는지 사실 몰랐다. 하고 싶은 게 왜 없었겠는가. 꿈이 뭐냐고 물어보는 어른들의 질문에 처음에는 대답했었다. 대통령, 과학자, 의사 등…. 유치원 졸업 후 시간이 흐를수록 같은 대답을 할 때 어른들은 의심의 표정을 지었다. 나는 다른 대답을 하기 시작했다.

"문식이는 커서 뭐 되고 싶어?"

"음, 개장사요."

"뭐? 개장사?"

노력해서 꿈을 이뤄야 한다는 생각을 해보지 못했다. 어린 나이임에도 대통령이라는 꿈은 이룰 수 없는 허망한 것으로 생각했다. 적절한 답을 찾지 못해 궁리하다 결국 대신 개장사를 하고 싶다며 허무한 웃음을 전했다.

20살, 대학생이 되어 고향을 떠났다. 이제 부모님의 보호를 떠나 스스로 모든 의사결정을 하기 시작했다. 하고 싶은 게 있었냐고? 꿈은?

몸은 다 커서 어른이지만 초등학교 때와 마찬가지로 별생각이 없었다. 꿈은 아직 태어나지도 않았다. 그렇게 방황이 시작되었다. 아무런 매뉴얼 없는 1인칭 게임을 하듯이 여기저기 가보고 이것저것 해보는 수밖에 없었다. 내 인생에 다양한 경험은 필연적이었을지도 모른다. 구체적으로 뭘 원하는지 잘 알지 못했다. 그러니 구체적인 계획이나 그에 따른 노력 역시 있을 수 없었다. 학교에, 직장에 만족할 수가 없었다. 자연스럽게 다양한 경험의 세계가 펼쳐졌다.

지식의 유일한 출처는 경험이다
_알버트 아인슈타인

자유 그리고 방황

매뉴얼 없는 1인칭 게임을 하듯이 이것저것 다해보기

수능시험을 보고 바로 서울로 올라왔다. 자유를 얻었다. 부모님과 떨어져 서울에서 대학 다니고 있던 누나와 지내게 되었다. 신림동 달동네 언덕배기에 걸쳐 있는 반지하, 케케묵은 냄새나는 비좁은 집이었다. 누나 친구, 사촌 형, 또 다른 사촌 이렇게 다섯 명이 살았다. 동갑이거나 1살 차이로 비슷한 또래였다. 다들 용돈이라도 벌어보려고 서울 비좁은 우리 집에 자리를 잡고 일 다녔다.

첫 아르바이트는 백화점 주차장 주차 안내 업무였다. 한겨울이었는지라 옷을 껴입어도 몸을 덜덜 떨었다. 온종일 서서 일하고 나면 다리가 퉁퉁 부었다. 1시간 일하면 30분 동안 쉬는 패턴인데 쉬는 시간이 불편했다. 나 빼고는 다들 즐거워 보였다. 이런 저런 얘기를 나누며 화기애애했다. 나는 외톨이였다. 아는 사람 하나 없고 누구 하나 말 걸어주지도 않았다. 조금만 용기 냈다면 나도 사람들과 어울려 즐겁게 지냈으리라 생각되지만 그러지 못했다. 어린 나이에

이 악물고 버텨보려 했지만, 쉽지 않았다. 몸과 마음은 빠르게 지쳤고, 첫 아르바이트는 2주를 넘기지 못했다.

입학까지 시간이 남았다. 부지런히 다른 일자리를 구하러 다녔다. 이번에는 신림역 근처에 전통 술집에서 일하게 되었다. 손님이 없을 때는 어려울 게 없었다. 천천히 이모들이 시키는 일을 하면 되었다. 청소하고 테이블을 닦고 수저 젓가락 채워 넣고 하다 보면 한두 시간은 후딱 지나갔다. 숨 좀 돌리다 보면 손님이 들이닥치기 시작한다. 8시 즈음 되면 한꺼번에 손님이 들어와 정신이 하나도 없었다. 이런 일은 처음이라 당황해서 주문한 음식을 엉뚱한 테이블로 서빙하고, 서툰 손놀림으로 컵도 몇 번 깨먹었다. 잦은 실수로 어찌나 마음을 졸였는지 모른다. 혹시나 누가 꾸짖을까 도둑이 제 발 저리며 쉬지 않고 일했다.

어느 날, 가게에 커플로 보이는 손님이 들어왔다. 술과 안주를 서빙해주었다. 한참 술을 마시던 손님 중에 여자분이 불렀다.

"맘에 들어서 그러는데, 전화번호 좀 주세요."

라고 말하며 펜과 종이를 내밀었다. 처음 여성분에게 대시를 받았는데, 좋다기보다는 식은땀이 흘렀다. 여성분 맞은 편에 앉아있는 남자 손님이 알 수 없는 눈빛으로 나를 노려보고 있었기 때문이다. 30대쯤 되어 보이는 건장한 형님이었다. 눈빛으로 뭐라고 말하는 것 같았다. 둘 사이에 무슨 일이 벌어지고 있는 건지는 알 수 없었지만, 괜히 고래 싸움에 새우등이 터질 듯한 분위기였다. 대답도 똑바로 못하고 얼버무리며 자리를 피했다. 당장 집으로 도망치고 싶었지만 끝나는 시간까지는 아직 두 시간이나 남았다. 아직 어리숙한 어른이었던 나는 어설프게 피해 다니며 악몽 같은 그 날을 마무리했다.

이주쯤 지나니 제법 손에 익기 시작했다. 한꺼번에 여러 테이블이 들어와도 헷갈리지 않았다. 주문하는 음식을 잘 적어놓고 주방 이모에게 잘 정리해 말해주었다. 오래 기다려도 안 나오는 음식이 있으면 손님이 보채지 않아도 나올 때까지 알아서 주방에 요청했다. 주방 이모도 마주치면 웃어 주었다. 퇴근할 때 수고했다며 먹고 싶은 음식을 해주기도 했다. 원래 식탐이 있다는 생각은 해보지 않아 먹고 싶은 음식은 없는 줄 알았다. 평소에 누가 먹고 싶은 거 있냐고 물어보면 그냥 아무거나 먹자고 말하는 편이었다. 일하면서 손님들이 음식 먹는 모습을 보다 보니 먹고 싶은 음식이 생겨나기 시작했다. 해물파전이 먹고 싶었다. 두툼한 전에 오징어, 조개 등 해물이 듬뿍 들어갔다. 동동주 한 단지 떠서 파전과 함께 입에 쑤셔 넣었다. 하루하루는 힘들었어도 이모들의 따뜻한 격려와 파전에 동동주를 한 잔하면 힘이 났다. 뭔가 인정을 받는 기분이었다. 백화점에서 주차 아르바이트할 때는 느끼지 못했던 그런 것이었다.

어느덧 예정했던 한 달이 다 되어 사장님께 그만둔다고 말씀드렸다. 고생 많았다고 목욕이라도 하라며 2만 원을 더 주서서 총 62만 원을 받았다.

'이 돈으로 뭘 할까?

태어나서 이렇게 큰돈은 처음이었다. 뭐 좀 대단한 걸 할 수 있는 돈이라는 생각이 들었다. 날아갈 듯 가벼운 발걸음으로 문정동의 상가에 갔다. 시골티를 좀 벗고 싶었다. 곧 대학에 입학하는데 새로 사귀게 될 친구들에게 촌스러운 모습을 보이고 싶지 않았다. 당시 유행하던 노티카 점퍼, 금강제화 구두 한 켤레를 샀다. 그게 다였다. 한 달 동안 어렵게 고생한 노력과 멋진 옷, 구두 한 켤레와 맞바꾼 것이다. 어머니는 어릴 적, 내가 돈을 좀 헤프게 쓴다 싶으면 입버릇처럼 이렇게 말했다.

"네가 공으로 얻어서 그런거⋯⋯. 땀 흘려 벌었어 봐 그게 쉬 써지나⋯⋯."

정말 어렵게 고생해서 번 돈 62만 원이 소중하게 느껴지긴 했다. 하지만 돈의 가치 만큼 옷과 구두도 욕심났다. 만약 힘들게 번 돈을 쉽게 써버리는 모습을 어머니가 봤더라면 뭐라고 했을까?

모든 게 새로웠다. 호기심에 담배를 피워봤다. 주점에서 일하다 보니 손님들이 놓고 가는 담배가 종종 있었다. 담배는 왜 피우는지 알고 싶었다. 집 앞에서 챙겨놓은 담배를 꺼내 입에 물었다. 라이터로 불을 붙이고 한 모금 빨았다. 친구들에게 미리 배운 대로 연기를 들이마시며 가슴으로 넘겨봤다.

"캑캑캑."

가슴으로 넘길 수가 없었다. 연기가 가슴에 가기도 전에 목에서 막혔다. 눈물 나도록 기침을 하고 속이 메스꺼웠다. 왜 담배를 피우는지 더 이해가 가지 않았다. 하지만 이대로 포기하고 싶지 않았다. 멋진 남자가 되려면 담배는 피울 줄 알아야 한다고 생각했다. 다음 날 다시 해 보니 조금 나아졌다. 근데 뭐가 좋은지는 몰랐다. 좀 어지럽고 이물질이 폐에 들어가는 느낌이었다. 조금 더 피워보니 기침 없이 담배를 피우게 되었다. 길거리를 지나가다 쇼윈도에 비친 담배 문 나를 보았다. 제법 어른스러운 게 마음에 들었다. 이제 남자가 된 것 같았다.

한편으로는 걱정이었다. 교회를 열심히 하는 부모님은 술, 담배를 악한 행동이라고 흉내도 내지 말라고 가르쳤다. 부모님과 같이 살 때는 담배는 엄두도 못 냈다. 부모님의 감시가 없다고 너무 막사는 게 아닌가 하는 생각도 들었다.

집에서 소주를 마셨다. 술을 마시면 기분이 좋아진다고 하는데 변화를 못 느꼈다. 급한 마음에 큰 컵으로 한 컵 가득 따라 벌컥벌컥 들이켰다. 조금 긴장이 풀리는 것 같긴 한데 취한 거라는 생각은 들지 않았다. 취해본 적이 없어 어떤 느낌인지 알고 싶었다. 그렇게 한 잔 더 마셨다. 그리고 기억을 잃었다. 다음 날 일어나보니 침대에서 자고 있었다. 그리고 방문이 깨져 있었다. 누나 말로는 술 취해서 과격해지더니 문에 주먹질했다고 한다. 그때 깨달았어야 했다. 나는 술 마시면 안 되는 사람이라는 것을.

부모님을 떠나 아무도 간섭하지 않는 자유가 이내 마음에 들었다. 궁금했던 모든 걸 마음껏 해 볼 수 있게 되었다. 새로운 환경에서 경험하는 새로운 일들과 사람들은 가슴을 뛰게 했다. 규칙이나 제한이 없었다. 그저 마음 가는 대로 하고 싶은 게 있으면 하면 되는 거였다. 아무런 계획 없이 즉흥적이었다. 그렇게 하나 둘 호기심을 채워갔다.

하지만 마냥 기쁘지만은 않았다. 갑자기 주어진 무한 자유가 조금은 불편했다. 사소하게 생필품 구매부터 집안일 등 전에는 신경 쓰지 않아도 될 일들을 알아서 해야 했다. 대학 선택 등의 큰 결정은 혼자 하기에 부담이 되었다. 가족과 주변 사람의 조언을 참고해가며 내 일을 스스로 결정하기 시작했다.

20대에 사업을 시작해 크게 성공한 친구가 있는데, 성공한 사업가로서 대학에 강의를 나간 적이 있다고 한다. 20대 초반 학생들을 대상으로 한강의 내용에 대해 나와 이야기했다.

"시간은 한정된 거야. 아까운 시간을 다른 사람의 삶을 사느라고 허비하지 말아야 해."

"그게 무슨 말이야?"

"다른 사람이 너를 위한답시고 생각해준 결과에 맞춰서 살지 말라는 말이지. 특히 부모님이 어떻게 살아야 하는지 정해주잖아. 부모님도 본인들 경험에 비추어 훌륭한 조언을 해주는 거겠지만, 그게 진짜 내가 원하고 잘할 수 있는 게 아닐 수 있다는 거지. 세상은 바뀌고 있어. 배고파서 일하는 사람은 거의 없어. 이제 일을 통해 자아를 발견하고 성취하려는 요구를 충족시켜야 하는 시대인 거야. 본질적으로 부모님 세대와 일에 대한 개념이 다른 거지. 본인이 좋아하고 잘할 수 있는 일을 찾아야 해. 당장은 돈이 안 되고 남 보기에 자랑스럽지 못해도 그런 일을 찾아야 해."

"음, 남의 잣대로 감추어진 진짜 원하는 인생을 살라는 의미구나."

"그렇지. 그러지 않고서는 다람쥐 쳇바퀴 도는 삶에서 벗어날 수 없는 거야. 일을 통해 정체성을 찾고 자아실현을 할 수 있으려면 무엇을 좋아하는지부터 찾아야겠지. 그다음 좋아하는 일에 관련된 일이나 활동을 해봐야 해. 머릿속에서 생각한 것과 현실과 차이는 항상 존재하니까."

모두 새롭다 보니 뭘 해도 어설펐다. 실수투성이에 잘 하는 것도 없었다. 불안하고 엇나가는 듯 보였다. 그렇게 시작했다. 직관대로 움직였다. 처음 경험한 노동은 지독하게 힘들고 재미없고 갑갑했다. 대가로 받은 돈은 직관적으로 써버렸다. 호기심에 의해 술과 담배를 시작했다. 사회와 학교에 많은 사람을 만나기 시작했다. 부모님 감시 아래였다면 아무것도 못 했을 것이다. 부모님 뜻대로만 살았다면 지금보다는 바른 길로 가고 있을지도 모르겠다. 그랬다면, 아마 지금쯤 어느 회사 과장쯤 돼서 후배에게 잔소리하는 꼰대역을 하고 있지 않을까?

직관으로 결정하고 실천한 일들이 모두 잘한 일이라고 생각하지 않는다. 그 일들로 인해 스티브 잡스나 대단한 사람처럼 성공하지도 않았다. 잘한 게 있다면, 예를 들어 담배같은 경우 10년 넘게 피웠기 때문에 흡연의 단점에 대해 너무나도 잘 알게 되었다는 것이다. 왜 금연해야 하는지도 구체적이고 확실하게 알고 있다. 5년여 반복된 금연 시도 끝에 내년이면 금연 4년 차에 접어든다. 담배는 끊는 건 불가능하고 참는 거라고는 하지만 이제는 담배 생각도 안 나고 금연 생활에 매우 만족하고 있다. 흡연 생활과 금연 생활의 경험을 다 해봤기 때문에 담배가 더는 궁금하지 않다. 그리고 왜 금연해야 하는지와 금연 노하우에 대해서도 나만의 이유와 방법이 확실해졌다.

　나는 로봇이 아니다. 주변인들의 말만 듣고 모든 일을 결정한다면 어떻게 될까? 내가 어떤 사람인지도 잘 알기 어려울 것이다. 뭘 좋아하는지, 싫어하는지 그리고 어떤 일을 좋아하고 잘할 수 있는지 등……. 결국에는 본인의 욕구가 터져 나올 것이다. 주변인들로부터 꾸며진 자아 안에 감추어진 진짜 '나'가 마음속 깊은 곳에서 소리칠 것이다. 내 말 좀 들어달라고 말이다. 나를 진정 사랑할 수 있는 사람은 어쩌면 나 하나뿐이다. 나를 낳은 부모라도 나가 아니라 부모 관점에서 바라본 자식을 생각할 뿐이다. 깊은 곳에서 소리치는 '나'의 말을 귀 기울여야 할 필요가 있다.

먹고 대학생에서 장학생으로

어떻게 학사 경고생이 장학생이 될 수 있었을까?

이른 아침 ,담배 한 모금에 정신을 차려본다. 먼 길을 가야 하기에 분주하게 준비했다. 아르바이트로 장만한 노티카 점퍼를 입고 거울을 보며 머리를 빗질했다. 신발장에 모셔둔 새 구두를 신고 거리를 나왔다. 아직 새 구두라 뒤꿈치가 좀 불편했지만 걸음을 게을리할 수 없었다. 담배에 불을 붙이며 걷기 시작했다. 저 멀리 횡단보도 초록 불이 깜박이고 있었다. 고민하지 않고 뛰었다. 머리가 휘날리고 땀이 났다. 다음 신호에서 또 뛰었다. 깜박이는 신호를 기다리기에는 심장이 너무 빨리 뛰었다.

그렇게 대학 생활이 시작되었다. 갑자기 한꺼번에 많은 친구가 생겼다. 같은 과 친구들과 동아리 선배 등 하루하루가 새롭고 신이 났다. 기껏해야 한두 살 많은 선배가 선배랍시고 신입생에게 한마디씩 해줬다. 앞으로 학교생활에 대해 이런저런 얘기를 해줬다.

"선배님, 이제 학교생활은 어떻게 해야 하나요?"

"신입생이라고 했나?"

"네."

"그럼 고민하지 말고 그냥 놀아. 후회 없이 놀면 돼. 술 먹고 연애하고, 응? 공부할 생각하지 말고 그냥 놀아. 그게 1학년이야."

신났다. 그냥 놀고 싶었는데, 형들도 그냥 놀라고 했다. 세상에 나에게도 이럴 때가 오다니……. 당시 '남자 셋 여자 셋'이라는 시트콤이 유행하고 있었다. 대학생이던 주인공들은 걸핏하면 수업에 빠지거나 수업 중에 핑계를 만들어 빠져나왔다. 그리고 삼삼오오 모여 신나게 놀았다. 나도 어떻게 해야할지 몰라 시트콤을 벤치마킹했다. 수업에 출석만 부르면 빠져나와 친구들과 어울렸다. 신입생의 특권인 양. 누가 더 공부 신경 안 쓰고 노는지 경쟁이라도 벌이는 것 같았다. 매일 술 마시고 놀았다. 돈이 없으면 술집은 못가고 동아리 방에서 마셨다. 그러다 차가 끊기면 친구들과 동아리 방에서 그대로 자기도 했다. 다음 날 아침 화장실에서 대충 머리에 물만 묻히고 수업에 들어갔다. 그리고 수업에 들어가면 교수님의 강의는 자장가로 들렸다.

휴일에는 산으로 들로 다녔다. 장소는 달라졌지만 같은 친구들 같은 술자리였다. 그냥 술 마시고 놀았다. 시험 기간에도 예외는 아니었다. 공부 좀 하는 친구 시험지를 열심히 벤치마킹하고 일찌감치 나와 또 술 마셨다. 선배들 조언대로 남자답게 확실하게 노는 스스로가 자랑스러웠다. 공대라서 여학생이 거의 없었다. 그래서 술에 더 집중했는지도 모르겠다. 하하하.

잘 어울렸던 친구 둘을 합쳐 우린 삼총사다. 항상 함께였다. 입학 전 오리엔테이션에서 알게 되었다. 그리고 수강 신청부터 우린 함께였다. 수업도 같이 듣고, 종종 수업에서 도망 나와서 게임방에서 스타크래프트에 출전해 치열한

전투를 했다. 필요하면 서로 대리 출석도 해줬다. 우리는 열심히 놀았다. 단언컨대, 학기 내내 삼총사 중 누구도 공부하는 모습을 보지 못했다. 1학기 성적이 나왔다. 4.5 만점에 평점 1.52. 0.2점 차로 학사경고를 모면했다. 열심히 놀 때는 몰랐는데 아슬아슬한 성적을 보고 아찔했다. 학사 경고장이 집으로 전달되어 부모님께 잔소리 듣는 상상만 해도 끔찍했다. 부모님은 여전히 시골에서 하나뿐인 아들이 착하게 잘 지내고 있을 것이라고 믿고 계셨기에 본 모습을 알게 되면 얼마나 실망하실지 알 수 없었다. 웃긴 일은 삼총사 중에서 내 성적이 제일 높았다. 한 친구는 1.5, 다른 한 친구는 1.51. 왠지 우리의 우정은 더욱 돈독해졌다.

우리 삼총사는 MPG 사진 동아리 면접을 보러 갔다. 면접 보는 선배가 질문했다.

"수동 카메라 있니?"

"없습니다."

"저는 시골에 자동 카메라가 있습니다."

"술은 마실 줄 알아? 주량은 어떻게 되니?"

"2병 정도 마십니다."

우리가 동아리 면접을 본 이유는 따로 있었다. 공대에는 여자가 없다. 여자에 목말랐던 우리는 동아리를 물색했고, 여자 많기로 소문난 동아리의 면접을 보기로 한 것이다.

일단 우리는 아무도 사진기가 없었다. 사진에 관심도 없었다. 사진기가 있냐는 선배의 질문에 우리는 떨어졌다고 생각했다. 알고 보니 오히려 사진기 있다고 대답한 애들은 불합격했다고 한다. 동아리 선배들은 우리 삼총사만큼이나 놀기 좋아하는 사람들이었다. 그래서 사진기 있는 친구들이 떨어진 이유는 너무 진지할 것 같아서. 잘 못 놀 것 같아서였단다. 선배는 술 잘 먹고 잘 노는 애들을 모으고 있었던 것이었다.

어찌 되었든 우리를 뽑아준 선배가 고마웠다. 선배의 기대에 부응하기 위해 더 열심히 놀았는지도 모른다. 술자리에 빠지지 않고 열린 마음으로 사람들을 사귀어 나갔다. 항상 사람들에게 웃음을 주고 함께 웃을 수 있는 사람이 되려고 노력했다.

"야, 너 무슨 일 있어?"

"응. 군대 영장 나왔어."

"아 진짜? 어떡해? 언제 가는데?"

이렇게 위로해주려고 심각해진 친구에게

"진짜 줄 알았지!" 라고 어이없는 장난을 치기도 했다. 초등학생처럼 유치하고 수준이 낮은 장난이다. 지금 생각하면 별로 웃기지도 않는다. 그런데 지금도 그 친구들을 만나면 똑같이 논다. 정말 웃겨서 웃는 건지 그때를 추억해서 그런지 알 길이 없었다.

나는 잘 놀고 재밌는 아이로 알려졌다. 게임공학과이다 보니 게임을 좋아하는 오타쿠이거나 프로그래밍에 소질 있는 괴짜가 많았다. 진지하기만 하거나 혼자 게임만 하는 친구들이 많았다. 게임을 만드는 것에 특별한 관심은 없었다. 과를 선택한 이유는 게임은 재밌으니 막연히 '재밌을 것 같아서?'

게임공학과는 게임을 하는 과가 아니다. 게임을 만들기 위한 공부를 하는 곳이다. 게임 말고 다른 관심의 대상이 필요했는지도 모른다. 그래서 사진동아리에 들어가고, 이어서 합창 동아리에도 들어갔다. 많은 사람과 어울리고 관계를 맺었다. 사진 동아리에서는 출사를 핑계로 한옥마을, 어린이 대공원, 강촌 등으로 놀러 다녔다. 여기저기서 술 마시고 노래 부르고 술 게임을 하면서 놀았다.

합창 동아리는 조금 전문적이었다. 서울대 출신 교수님이 지휘하셨다. 학교에서 경제적으로 지원을 많이 해줬다. 학교 홍보 목적에서 동아리를 키우려고 하고 있었다. 모든 단원은 장학금을 받았다. 대회나 발표회를 연습할 때 며칠씩 합숙하기도 했는데 맛있는 걸 많이 먹으러 다녀서 불만이 없었다. 합창 동아리 사람들과도 술을 많이 마셨다. 연습이 끝나고 밥 먹으면서 술판, 휴일에 따로 만나서 술판, 방학에는 스키장으로 1박 2일 놀러가 술판이었다. 1학년 2학기 뒤늦게 합류했지만, 술자리에 빠지지 않고 잘 논 덕분에 잘 어울리는 학생이 되었다.

2002년 제2회 세계합창올림픽이 부산에서 열렸다. 대회 전 한 달여 밤늦게까지 연습했다. 나는 테너였다. 대회 직전 지휘자님이 지시를 내렸다.

"너는 가운데 서고, 목소리는 내지 마. 입만 벙긋. 알겠지?"

"네? 네……."

섭섭함을 뒤로하고 무대에 섰다. 일단 무대에 오른다는 사실에 의미를 두기로 했다. 금정문화회관에서 예선을 치렀다. 지휘자님 지시가 있으니 목소리를 낼 수는 없었지만, 안 내기에는 스스로가 비참하게 여겨졌다. 그래서 내다 안 내다 했다. 클라이맥스에서는 우리가 부르는 노래에 감동하기도 했다. 그러다 나도 모르게 큰소리로 노래하기도 했다.

결국 내 마음대로 했다. 하늘이 도왔는지 운이 좋았는지 우리는 남성합창 부문 금메달을 목에 걸었다. 우리는 모두 신났다. 솟구치는 감정을 주체하기 어려웠다. 대회를 마치고 로비에서 다른 팀들을 만났다. 독일에서, 미국에서, 일본, 중국 등 세계 각국에서 온 합창팀들이 있었다. 말은 통하지 않았지만, 노래로 주고받았다. 우리가 한 곡하면 상대에서도 화답해 주었다. 마치 영화의 한 장면처럼 그렇게 즐겼다. 여기저기에서 들려오는 아름다운 화음으로 가득했다.

　방송국에서 취재를 나왔다. 태어나서 처음으로 방송에 나왔다. 방송국 직원들이 동아리 방으로 찾아왔다. 커다란 카메라와 마이크를 들고 취재하는 리포터의 모습이 신기해서 현실감이 없었다. 몇 주 뒤 모 방송국 아침 프로그램에 노랑머리에 노티카 잠바를 입은 내가 인터뷰하는 학생 뒤에서 서성이는 모습이 나왔다. 인터뷰한 장면이 나온 것도 아닌데 방송에 나왔다는 사실이 너무 좋아 떠벌리고 다녔다.

　얼마 후, 단원들은 제주도로 휴가를 다녀왔다. 모든 경비는 학교에서 지원을 해주었다. 신이 났다. 국제 대회에서 금메달을 따고, 방송에도 나가고, 덤으로 제주도에 와서 좋았다. 30여 명의 단원은 한마음이었다. 다니는 버스에서 술집에서 우리는 노래했다. 노래하다 보면 사람들이 모여 있었고, 박수를 받았다. 그동안 수고했다고 축배를 기울였다. 합창단답게 건배도 합창으로 했다.

　"술잔을 높여 축배 드리세~ 우리의 우정 영원하라~"

　신명 난 상태가 연말까지 이어졌다. 그해 말 예술의 전당에서 2002년 송년음악회에서 베토벤에 9심포니를 서울필하모닉과 협연했다. 9심포니는 독일어로 했는데 15년이 지난 지금도 기억에 남아 흥얼거린다.

　"프로이데 쉐너 괴테푼켄 톡흐터 아우세 리지움 비르베 트리켄 포에르룬켄 힘리 쉐타안 하일리툼 다이네 차우버 빈덴 비더 바스디 모스테 스텐겔 타일트 알레멘쉔 베스덴 브리이더 보다임 참프터 프리겔발트."

　노래에 대해서는 모른다. 모르는 언어에 무슨 뜻인지도 잘 모른다. 금메달을 따고 방송에 나오고, 이어 송년 음악회까지 참여하게 되어 인생 최고의 하이라이트를 받았던 때였다. 환희에 차서 승리 축하받았던 기억에 그때 부르던 노래를 흥얼거리다 보면 기분이 좋아진다. 합창단과 함께 다니면 내가 뭐라도 된 것 같았다. 돌이켜보면 일반 사람들에게 흔하게 주어지지 않는 감격의 경험이었다. 성취의 기쁨과 그에 따른 보상도 물심양면으로 받았다.

2005년 군 전역 후 다니던 학교에 복학했다. 군대 기기 전에 학교생활은 공부와 거리가 멀었다. 매일 같이 친구들과 어울려 술 마시고 게임만 했다. 과목별로 F학점이 여럿 있었고, 성적은 학사경고 수준이었다. 남자는 군대를 다녀오면 철든다고 했다. 나에게도 변화가 있었다. 부모님이 어렵게 등록금과 용돈을 마련해 주셨다. 그 돈으로 술 먹고 노는 데만 쓴다고 생각을 하니 죄송한 생각이 들었다. 복학해서는 마음을 먹었다. 그리고 부모님께 전화를 걸었다.

"엄마, 나 아르바이트해서 용돈 버는 거보다 그 시간에 공부해서 장학금 탈게!"

믿고 지지해 줄까 염려했지만, 다행히도 기쁘게 받아주셨다.

공부해본 적이 없어서 어떻게 해야 할지 방법을 몰랐다. 그냥 무식하게 도서관에 앉아있었다. 수업 전에 예습하고 끝나면 복습했다. 도서관에서 온종일 앉아서 공부하는데, 온종일 불안했다. 불안한 마음에 위로라도 받고 싶어 고향 친구에게 전화했다.

"너 왜 안 하던 짓 하냐? 사람이 갑자기 변하면 죽는대."

라고 걱정이랍시고 비수를 꽂았다. 더 불안했다. 오래 앉아있어도 공부를 하는 건지 그냥 앉아만 있는 건지 감이 안 왔다. 그렇다고 다른 생각을 할 수가 있는 것도 아니었다. 이미 다른 건 다 포기하고 공부만 하기로 되어있었다.

꾸역꾸역 한 학기가 지나갔고 성적이 나왔다. A+, A, A+, B+, A⋯. 평점 4.02 장학금을 받게 되었다. 정말 놀라운 일이었다. 신기했다. 친구들도 신기해했다. 그리고 몰려왔다. 어떻게 하면 장학금을 받을 수 있는지 비결을 알려달라고 했다. 솔직하게 말해주었다. 잘 모르겠다고. 그냥 도서관에서 오래 앉아 공부했다고 말이다.

스무 살, 나는 꿈이 없었다. 이루고자 하는 목표도 없었다. 남들 보기에 부러워서 할만한 재주나 특기도 없었다. 무언가를 열심히 해보고자 하는 의지도 없었다. 혼자서는 할 수 있는 게 없었다. 몇 시간 동안 티브이를 보고 있으면 갑갑하고 의미 없이 시간을 허비하는 스스로 화가 났다. 의식적으로 알아차리지는 못했다. 아마 갇혀있는 '나'에서 뭐라도 해야 할 것 같은데 종일 티비만 보는 건 아니라고 이야기해준 것이라고 짐작된다.

심심함이 어색했다. 아무런 선택의 여지가 없었다. 그냥 놀았다. 다만 열심히 놀았다. 술자리에서는 흥을 위해 열심히 이야기했다. 합창 동아리에서는 열심히 노래했다.

때가 되니 공부에 대한 마음이 생겼다. 부모님에 대한 미안함과 미래에 대한 막연함이었다. 죄책감을 씻고 미래를 준비하고자 했다. 방법은 몰랐지만, 의지는 있었다. 그래서 그냥 했다. 처음에 그냥 놀았듯이 그냥 공부했다. 놀 때는 더 잘 노는 방법이 개발되어 잘 노는 애가 되었다. 공부도 마찬가지였다. 하다 보니 요령이 생겼고 장학생이 되었다.

조금 더 일찍 정신을 차려 공부를 시작했으면 어땠을까 생각해 보았다. 불가능한 이야기 같았다. 내 지능으로 자라온 환경에서는 그게 최선이었던 게 아닌가 하는 생각이 들었다. 그래서 후회가 없다. 원래는 후회하는 습관이 있었다. 고등학교 1학년 때 매사가 불만이었다. 공부 못하는 것도 싫지만 노력도 하지 않는 스스로가 너무 싫었다. 그렇다고 친구들과 어울려 놀지도 않았다. 학교 끝나면 집에 가서 티비 보는 게 다였다. 나와는 다르게 열심히 노는 정선이라는 친구가 있었는데, 정선이에게 고민을 털어놨다.

"정선아, 나는 너무 후회가 많아 괴롭다. 왜 내가 공부하지 않고 지금도 하지 않을까?"

"응. 후회는 습관이라는 말이 있지. 정말 후회할 일이 있는 게 아니라 후회하는 습관이 있는 거더라고. 후회하지 않는 습관을 길러봐."

그 친구는 하루하루가 세상 마지막인 것처럼 최선을 다해 놀았다. 나도 친구의 성숙한 조언을 받아들여 후회를 안 하기 시작했다. 놀랍게도 후회는 안 하면 되는 거였다. 과거의 나는 과거의 나일 뿐이었다.

이 또한 지나가리라

강원도 철원군 근남면 마현리 15사단 38연대 12중대 81밀리 박격포 3소대.

논산에서 6주간 훈련을 마치고 마지막 날 내무실은 눈물바다가 되었다. 진흙탕을 뒹굴며 고된 훈련 과정을 함께한 훈련병 동기들과 헤어지려니 너나 할 것 없이 주체할 수 없는 슬픔의 눈물이 고였다. 다른 한편으로는 무서운 고참들이 기다리고 있는 자대에 간다고 생각하니 막연한 두려움이 엄습하기도 했다. 시간은 우리의 복잡한 마음을 알아주지 않았다. 우리는 사회에서 꼭 다시 만나자며 울며 약속했다. 남자는 태어나서 세 번 운다는데 훈련소 6주 과정 동안 세 번 이상 울지 않은 사람은 없었다. 입소하면서 사랑하는 사람들과 이별하면서, 힘든 훈련 중에 어머니 노래를 부르며 그리고 퇴소하면서 또 한 번 울게 되었다. 여자들은 아마 남자들이 이렇게 자주 우는지 사실 모를 것이다.

슬픈 이별식을 마치고 우리는 뿔뿔이 흩어졌다. 군용 버스와 트럭에 하나둘 불려 나갔다. 나와 몇몇은 아무도 부르지 않아 그대로 남았다. 다들 차 타고 나가는데 가만히 남게 되어 불안했다. 걸어서 이동할 수 있는 옆 연대로 이동했다. 그곳에서 보병이 들고 다니는 무기 중에서 가장 무거운 화기 교육을 받았다. 45kg 나가는 쇳덩이는 포신, 포판, 포다리로 분리가 되었다. 사수, 부사수, 탄약수로 나뉘어 각자 분리된 포를 들고 뛰어다녔다. 조교의 명령에 따라 포를 분리했다가 "포방열!"이 떨어지면 그 자리에서 포판을 박고 포다리와 포신을 조립했다. 가늠자와 거냥대로 하달된 각까지 맞추면 준비 끝! 처음에는 무거운 장비를 못 다뤄 어설폈지만 2주간 훈련을 받으니 제법 속도가 났다.

2주 훈련은 짧았다. 또 하나둘 차에 타고 자대로 향하기 시작했다. 나는 육공 트럭을 타고 논산역으로 갔다. 청량리역에 도착해 춘천행 기차를 기다리고 있었다. 4월 중순 세상은 봄기운이 가득한 천국이었다. 50명쯤 되는 훈련병들은 하나같이 어설픈 바느질로 이등병 작대기를 꿰맨 군복을 입고 더블백을 멘 채로 두 줄로 있었다. 우리 군인들 사이로 수많은 대학생이 지나갔다. 짐작하기로는 엠티 시즌이 되어 강촌이나 춘천으로 여행가는 무리라고 생각했다. 나도 일 년 전에는 저들과 같이 남녀 섞여 산으로 들로 다녔던 생각이 났다. 너무 부러워 말이라도 걸고 싶었지만 인솔하는 조교는 정면만 쳐다보게 했다.

춘천에서 1주일간 대기하고 15사단으로 배치받았다. 사단에서 2일 머물고 38연대로 배치받았다. 연대에서 2일 묵고 최종적으로 3대대 12중대에 배치받게 되었다. 10일 넘는 대기 시간 속에 자대에 대한 긴장이 증폭되었다.

더플백을 메고 내무실 문 앞에 섰다. 문이 열렸다. 떨어지지 않는 발걸음이 억지로 내무실 안으로 향하게 했다. 최소 10살 위 아저씨들로 보이는 고참들이 무언가에 절은 썩은 얼굴로 우리를 노려봤다. 굶주린 사자 우리 안에 무방비로 던져진 듯 심장이 쪼그라들었다.

"이름이 뭐냐?"

"이병 장문식입니다."

"관등성명이 메가 패스네. 누가 그렇게 빨리하래?"

"죄송합니다!"

"죄송하면 다야?"

"야야, 그만해. 신병한테 왜 그래."

고참의 꼬투리 잡기는 깔깔이를 입고 더 삐딱해질 수 없는 자세로 티비를 보고 있던 말년병장이 한마디 하고서야 그쳤다.

군 생활은 만만치 않았다. 처음에는 아무 말도 할 수 없었고 웃지도 못하게 했다. 일요일 저녁 다소 자유로운 분위기에 개콘을 보고 있었다. 나는 티비에서 가장 먼 위치에서 각을 잡고 앉아 혀를 깨물어야 했다. 혹시라도 웃음이 나오면 기회만 노리던 선임병에게 꼬투리 잡힐 게 뻔했기 때문이다. 능동적으로 할 수 있는 건 신발 정리 빨리하기, 침상 닦기, 각 잡기 등 종과 같은 일뿐이었다. 온갖 궂은일은 이등병과 일병차지였다. 이등병이 뭘 알겠는가. 차근차근 배워 나갔다. 걸레 빠는 법, 청소하는 법, 각 잡는 법, 내무실 규칙 등 모든 게 새로웠다. 한 번에 어떻게 다 배우고 바로 습관이 되겠는가. 수업료를 톡톡히 치르며 배웠다. 청소가 시작되면 나는 걸레부터 빨아왔다. 고참이 부르기 전에 빨리 내무실로 가야 했다. 내무실에 돌아오면 고참이 불렀다.

"야, 이리 와봐."

"이병 장 문 식!"

그리고 고참은 걸레를 짰다. 매일 그렇게 걸레 검사를 했다. 고참이 걸레를 짰을 때 물이 한 방울이라도 나오면 큰 죄를 짓는 것이었다. 해보면 알겠지만, 마른오징어도 짜면 물이 나온다고 고참이 또 짜면 물 한 방울이라도 나오게 되어있다. 떨어지는 물방울 수에 따라 욕설과 협박을 하였고, 맞기도 했다. 억울해도 어쩔 수 없었다. 나를 제외한 고참들은 한 팀이었다. 나 혼자 여럿을 상대할 수는 없었다.

힘든 이등병 일병 생활이 지나고 상병이 되었다. 괴롭히던 고참들도 하나둘 전역했다. 어느덧 상병 4개월, 어깨에는 녹색 견장이 채워져 있었다. 이제부터 내 역할은 군기반장이었다. 간부들도 그들의 편의를 위해 위계질서를 잡아주기를 바라고 있었다. 때로는 강압적으로 후임병을 대해도 모르는 척해주었다. 기대에 부응하기 위해 노력했다. 군기를 바로잡기 위해서라면 후임병들에게 욕설과 얼차려도 망설이지 않았다. 그게 내 역할이라고 생각했다. 당시 최전방 GOP에서 근무하고 있었는데, 신병 3명이 한꺼번에 들어왔다. 노란 견장을 찬 병아리 같은 아이들이었다. 신병관리는 후임들에게 맡겼다. 분대장이 신병까지 신경 쓰기에는 모양도 빠지고 위계질서에도 맞지 않았다. 며칠 되었을까 보고가 들어오기 시작했다.

"장문식 상병님, 신병 중에 특이한 놈이 있습니다!"

"처음엔 그렇지 뭐. 잘 가르쳐."

"청소하는데 요리조리 도망 다니며 열외하려 합니다."

"뭐? 어떻게 그런 놈이 다 있어?"

"간밤에 불침번 근무 때문에 깨웠는데 말입니다, 나무늘보처럼 천천히 일어나서는 시계 쳐다보고 있습니다. 그리고 다시 누우면서 하는 말이 가관입니다.

"5분만 더 자겠습니다."

"뭐야? 아주 개념을 상실했네. 그 새끼 어딨어!"

그동안 경험해 보지 못한 신병이었다. 개념이 없었다. 군기반장이 가만히 있을 수 없었다. 책임감을 느끼고 신병을 타일렀다. 아직 군대 문화에 익숙하지 못해서 그렇다고 생각했다. 신병도 잘 몰라서 그랬다고 사과하며 앞으로 안 그러겠다고 했다. 며칠이 지났지만, 신병은 달라지지 않았다. 내 잔소리가 심해졌다. 둘만 있을 때는 앞으로 잘 하겠다고 약속했지만, 달라지지 않았다. 분대장인 내가 우습게 보였나 싶었다. 타이르던 말은 욕으로, 협박으로 바뀌었고 나중에는 손찌검하기도 했다.

이등병 시절, 선임들에게 괴롭힘을 당하면서 다짐했었다.

'나중에 저 위치에 서면 나는 저러지 말아야지. 욕 말고, 갈굼 말고, 폭행 말고 알아듣게 잘 타일러야지.'

'고참들은 맞을 짓 했다고 때리는데, 세상에 맞을 짓이 어디 있어?

그 다짐은 이렇게 무너졌다. 나도 나를 괴롭혔던 고참들과 똑같이 후임을 괴롭혔다.

신병은 소대원들로부터 왕따를 당했다. 나는 방관했다. 심지어 협박했다. 내가 당한 그것보다 더 심하게 말이다. 실컷 욕을 퍼붓고는 신고하면 사회에 나가서라도 죽여 버리겠다고 협박했다.

분기에 한 번씩 사고 예방을 위해 "이등병의 날" 행사를 했다. 중대에 이등병을 모아서 애로사항은 없는지, 건의사항은 없는지 적어내는 시간이었다. 신병은 다른 부대에서 생활하고 싶다고 적어냈다. 부대는 발칵 뒤집혔고 조사에 들어갔다. 추궁 끝에 신병은 5명의 선임을 지목했다. 나는 그중에서도 책임자였고 징계위원회에 넘겨졌다. 밤새 진술서를 작성했다. 며칠 뒤, 징계위원회가 열렸다. 그곳에는 입버릇처럼 부대원 군기 잡으라던 소대장 중대장도 있었다.

그중 한 소대장의 첫마디를 잊을 수가 없다.

"어떻게 인간의 탈을 쓰고 사람을 때릴 수가 있어! 네가 사람이야!"

소대장은 나를 보자마자 안면박대하고 다른 사람 같이 행동했다. 처음에는 징역 보내 전과자로 만들겠다고 했다. 다행히 영창 15일로 결론 났다.

참 이해가 안 갔다.

'며칠 전에만 해도 애들 군기 잡으라고 으름장 놓던 소위가 어떻게 저기 앉아서 목사안수라도 받은 양 저렇게 얘기를 할 수가 있지?

만약에 경제나 정치판에서 비슷한 일이 벌어졌다면 소위 말하는 꼬리 자르기 격이라고 보인다.

대대 내에 건너 아는 원사님의 도움으로 영창은 피할 수 있었다. 하지만 더플 백을 메고 정든 막사를 떠나야만 했다. 최전방에 철책으로 전출되었다. 아저씨의 나라로 가게 되었다. 그곳에서는 나를 알아보는 사람이 없었다. 아침에는 눈만 마주쳐도 관등성명을 대던 후임들이 많았는데 새로운 부대에서는 아무도 내게 경례하지 않았다. 불과 2Km 전방으로 왔을 뿐이다. 상병 계급장을 달고 있었지만 지나가는 이등병도 일병도 경례하지 않았다. 아무도 말을 걸지 않았다. 군대 말로 치면 짬 당했다. 요즘 말로 하면 왕따를 당한 것이다. 기존에 있던 병사들 처지에서 보면 갑자기 모르는 사람이 와서 고참 이라고 하니 달가울 리 없었다. 더군다나 폭행문제로 왔으니 부담스러웠을 거라고 생각된다.

나의 태도가 바뀌었다. 윽박지르고 명령하던 엄한 군기반장에서 누구나 말걸고 장난칠 수 있는 친근한 선배의 모습을 하게 되었다. 시간이 갈수록 하나둘 말 걸어주는 사람들이 생겨났다. 고참 이라기보다 형 입장으로 후임들의 고충을 들어주었다. 격 없이 같이 장난을 치기도 했다. 그렇게 조금씩 새 부대에서 적응해 나갔다. 옮긴 부대에서 1년 가까운 군 생활을 했는데 새로 시작한 부대에서 만난 사람들과 더 각별한 인연을 맺었다. 전역 후에도 관계를 유지하고 지냈고 15년이 지난 지금도 형 동생으로 지내는 친구들이 있다.

각각의 경험이 마치 TV 채널을 돌려 보는 것과 비슷하지 않나 하는 생각이 든다. 슬픈 드라마를 보며 울고 있는데 퇴근하는 아빠가 들어와 채널을 뉴스로 돌려버리면 어떠한가? 눈에 맺혀있는 뜨거운 눈물이 생경하게 느껴지지 않는 가? 훈련소에서 동기들과 이별할 때 다들 너무 슬퍼하고 아쉬워했다. 사회에 서 꼭 연락하자고 다들 약속했지만 잘 지켜지지 못했다. 괴롭힘당하던 이등병 때는 나는 그러지 않겠다고 다짐했지만, 고참 입장이 되니 지키기 어려웠다. 징계위원회에서 안면을 바꿨던 간부들은 꼬리 자르느라 일부러 채널을 돌린 것 같다. 새 부대로 전출 가던 날 억울함과 아쉬움에 눈물을 흘렸지만 새 부대 에서는 적응하느라 그 감정을 이어가기 어려웠다.

고대의 유명한 일화가 있어 소개한다. 왕이 세공사에게 아름다운 반지를 만 들 것을 명했다. 왕이 큰 승리를 거두거나 기쁨을 억제치 못할 때는 자만하지 못하는 글귀가 되고 또 반대로 큰 절망이나 슬픔에 잠겼을 때는 용기를 줄 수 있는 그런 글귀를 새겨 넣도록 했다. 얼마 후 왕명대로 아름다운 반지가 만들 어졌지만, 글귀를 생각해내지 못해 신하들은 고민에 빠졌다. 궁리 끝에 지혜롭 다는 왕자에게 찾아가 도움을 청했다. 그러자 왕자는 다음과 같은 경구를 넣도 록 하였으며, 나중에 이를 보고 고개를 끄덕인 왕은 늘 그 반지를 끼고 멀리하 지 않았다. 그 글귀는 "이 또한 지나가리라"였다.

참 지혜로운 말이다. 시간이라는 연속성에서 어떠한 감정도 정체될 수 없음 을 잘 설명해 주고 있다. 인생을 살다 보면 좋은 일이 있을 수도 있고 나쁜 일 이 생기기도 한다. 사사건건 일희일비하기에는 우리의 감정의 소모가 너무 크 다. 살아가는 과정일 뿐임을 인식하고 객관적으로 나를 바라볼 수 있어야 하겠 다. 군대에서 힘들었던 나의 경험은 훈련병에서 이등병으로 상병에서 병장으 로 이어졌다. 때로는 피해자였고 반대로 가해자가 되기도 했다. 정계에서나 있을법한 꼬리 자르기를 경험하기도 했다. 중요한 것은 모두 지나갔다는 것이다. 잘못은 인정하고 사과해야 한다. 하지만 피해받은 사실을 붙잡고 억울해할 필요는 없다.

고통스러운 삶을 살고 있는가? 그렇다면 이 말이 위로가 되기를 바란다.

"이 또한 지나가리라."

뉴질랜드 어학연수

신발 사이즈 토익점수 받은 사람이 프리토킹을 하기까지?

군 전역 후 대학교 2학년 마칠 때쯤, 어머니가 뉴질랜드에 다녀오라고 말했다. 마침 사촌 누나가 뉴질랜드에서 있으니 누나 있을 때 가서 지내다 오라는 것이었다. 거절할 이유가 없었다. 가서 영어도 하고 새로운 경험을 하리라고 기대했다.

비행기에서 내렸는데 장애인이 된듯한 기분이었다. 안내 표지를 봐도 이해하지 못했다. 옆에 사람에게 물어도 무슨 말인지 이해 못 할 거라는 걱정에 그러지도 못했다. 우여곡절 끝에 짐 찾는 곳에 갔다. 캐리어는 금방 찾았는데 아무리 기다려도 백팩이 나오지 않았다. 20분쯤 기다렸는데도 나오지 않았다. 시간이 갈수록 밖에서 기다리고 있을 사촌 누나가 걱정되었다. 용기를 내어 옆사람에게 간단하게 물어봤다.

"Backpack. Backpack."

물론 나머지는 바디랭귀지로 했다. 용케도 알아들어 주었고 Baggage Claim 이라고 쓰여 있는 곳을 가리켜 주었다.

Baggage Claim 직원에게 또 영어로 표현해야 했다. '내 가방을 뭐라고 표현해야 하나.' 너무 스트레스였다. 아무 말도 못 하고 그냥 서 있는데 직원이 먼저 말을 걸었다.

"Passport?"

직원에게 여권을 건넸다. 컴퓨터로 뭔가 조회하는 듯하더니 뭐라 말해주었다. 못 알아들었다. 직원은 옆방으로 가더니 가방을 가져 왔다. 입에서 나오는 말은 알아듣지 못했지만 바디랭귀지로 친절하게 설명해 주었다. 가방을 가리키더니 한 손으로 코를 막고 다른 손으로 코앞에서 부채질했다. 인상을 쓰면서 가방에서 안 좋은 냄새가 난다고 하는 것 같았다.

'아차! 건강원 하시는 친구 어머니가 해외 간다고 녹용 팩 주신 게 가방에 있었지' 물류 직원들이 거칠게 다뤘는지 가방 안에 녹용 몇 개가 터져있었다. 그리고 그게 어떤 성분인지 확인이 필요했던 모양이다. 처음부터 너무 어려운 시련이었다. '이걸 어떻게 영어로 설명하지? 다행히도 Korean Healthy Food 라는 말을 겨우 생각해냈고, 적당히 넘어가 주었다.

신고식을 톡톡히 치르느라 예정보다 1시간 넘게 늦게 나왔다. 기다리던 사촌 누나와 만났다. 대단한 환영을 기대한 건 아니지만, 늦게 나와 투덜거렸다. 무슨 일 난 줄 알았다며 많이 걱정했다고 말이다. 바로 누나가 소개해 준 한국인 집으로 갔다. 그곳에서 1달간 적응하는 시간을 가졌다. 해외에 처음 왔으니 천천히 공부하면서 분위기를 익히라고 했다. 집에서는 한국인들과 있으니 편한 점이 있었다. 한국말을 쓰고 한식을 먹었다.

영어공부는 집 밖에서 했다. 매일 다니는 길인데도 일부러 현지인에게 물어봤다. 두 번쯤은 못 알아들으면 "I beg your pardon?"이라고 되물었다. 그 이상 못 알아들으면 다시 말해달라기 미안해서 못 알아들어도 알아들은 척 고개를 끄덕이며 도망치듯 나왔다.

뉴질랜드에는 그림 같이 아름답게 꾸며진 공원이 많았다. 지내던 곳 근처에 Hagly park라는 곳이 있다. 영화에서나 나올듯한 아름다운 공원이다. 딱히 할 일이 없어서 공원에 자주 갔다. 공원 자체의 이국적인 풍경을 감상하는 것도 즐거움이었다. 주된 목적은 할 일 없이 시간을 보내는 노인에게 말을 걸어 영어연습을 하는 것이었다. 벤츠에 앉아 시간을 보내는 할머니에게 말을 걸었다. 사실 그렇게 해보라는 사촌 누나의 압박이 있기도 했다.

나 "Hello, how are you."

할머니 "I'm good thanks and you?"

나 "I'm good too."

할머니 "Where are you from?"

나 "South Korea."

할머니 "Cool!"

나 "Beg your pardon?"

할머니 "I said cool!"

나 "Sorry?"

할머니 "Cool, meaning that is good!"

너무 간단한 말이고 모르는 단어가 없었지만, 끝까지 무슨 말인지 못 알아들었다. 너무 창피하고 답답해서 더는 있을 수 없었다.

영어를 못해서 답답했다. 같이 사는 한국 분들은 사촌 누나 지인이었고, 내게 참 잘해주셨다. 교회에서 전도사님으로 일하는 사촌 누나에게 나의 사생활이 전해질까 조심스러웠다. 담배도 못 피우고 술도 생각할 수 없었다. 한 달이 되어갈 무렵 누나는 한국인이 거의 없는 시골 마을로 가라고 했다. 드디어 해방이었다.

멀리 시골에서 누나 지인이 나를 데리러 왔다. 일본 차 스바루 레가시웨건이라는 차를 타고 왔는데, 성능이 매우 좋았다. 뉴질랜드는 인구밀도가 낮다. 시골로 가는 2차선 도로 위에 마주치는 차가 거의 없었다. 형의 운전 실력도 좋았다. 서울 부산거리를 2시간 반 만에 주파했다. 가끔 계기판을 보면 시속 200km가 넘어가 있었다. 뒷자리에 앉아 태연한 듯 잠든 척했지만, 그날로 인생을 마감하는 줄 알았다. 도착하니 날이 어두웠고 짐 대충 풀고 긴장이 풀렸는지 바로 잠들었다.

다음 날 눈을 뜨고 앞으로 살게 될 동네 구경을 하고 싶었다. 4월 초 우리나라 가을 정도 되는 날씨였다. 밖에 나와 눈 앞에 펼쳐진 광경을 보고 입이 자동으로 벌어져 다물 수가 없었다. 뾰족하게 솟은 산과 잔잔한 호수가 어우러져 한 폭의 풍경화처럼 아름다웠다.

'와! 내가 이렇게 좋은 곳에 살게 되었구나!'

Wanaka라는 인구 4,000명 정도의 작은 마을이다. 반지의 제왕 촬영지이기도 한데 사람들에게 잘 알려지지 않았다. 한국 사람은 나를 포함해 마을 전체에 4명이었다. 사람이 없고 할 게 없어서 심심할 수는 있어도 그만큼 영어 공부하기에는 좋은 환경이라는 생각이 들었다. 사촌 누나도 같은 생각을 하며 나를 보냈을 것으로 생각했다.

형은 미용실에서 일하고 있었다. 태국인이 운영하는 미용실에 형과 같이 일하는 누나 이렇게 둘이 일을 하고 있었다. 태국인 사장은 근처에 태국 음식점도 운영했다. 형님과 누님은 사장님 소유의 집에 살고 있었고, 나도 며칠 신세를 졌다. 태국 사장 덕분에 타이 음식점에서 태국 음식을 처음 먹어봤다. 코코넛이 들어간 커리와 팟타이 맛은 신세계였다. 달콤하면서 짭짤한 오묘한 맛이 일품이었다.

어학원을 등록하고, 홈스테이를 계약했다. 시골이라 어학원이 따로 있지는 않았다. Mount Aspiring College 학교에 General English 코스뿐 이었다. 50대 중반으로 보이는 여선생님과 4명의 학생으로 구성되어 있었다. 그나마 출석률이 높지 않아서 종종 혼자 수업받는 일이 있었다.

선생님도 학생도 한국어를 할 줄 아는 사람은 없었기 때문에 영어로만 대화해야 했다. 의사소통이 어려웠다. 내 영어 실력이 부족하기도 했지만, 뉴질랜드 억양도 낯설었다. 같은 단어를 발음해도 미국식 발음에 비교하면 다른 언어 같은 발음도 많았다.

영어는 뉴질랜드만 오면 시원하게 해결될 줄 알았다. 역시 세상에 쉬운 건 없었다. 영어 실력이 기대했던 것만큼 빠르게 늘지 않았다. 한국에 있는 여자친구가 보고 싶었다. 영어를 못하니 대화할 친구도 없었다. 외롭고 힘들어서 포기하고 싶었지만 투자한 돈과 시간을 생각하며 꾸역꾸역 하루하루 버텨 나갔다. 낮에는 공부하고 오후에 집에 돌아오면 홈스테이 식구들과 시간을 보냈다. 영어가 짧았지만, 조금이라도 대화해보려고 노력했다. 여기서 쓰는 돈과 시간을 아깝게 만들고 싶지는 않았다. 다행히 홈스테이 식구들은 호의적이었다. 주인아저씨는 같은 학교 고등학교 체육 선생님이었다. 홈스테이해서 돈을 번다는 의미보다는 자녀들에게 국제적인 안목을 키워주고 싶었다고 했다. 그만큼 우리도 영어 실력을 키울 수 있도록 말도 많이 걸어주었다. 종종 주말에

피크닉을 나갔다. 가족끼리만 갈 법도 했지만, 꼭 나에게 함께 할지 물었다. 하루는 아저씨 소유의 보트를 Wanaka 호수에 띄웠다. 보트는 조용한 호수에 적막함을 가르며 나아갔다. 사람의 손이 닿지 않은 자연스러운 자연이었다. 호숫물은 그냥 마셔도 될 정도로 깨끗했다.

같이 머물던 홈스테이 친구는 독일에서 왔다. 나보다 5살 정도 어렸고 같은 학교 고등학교에 다니고 있었다. 독일 친구는 영어로 이야기하는 데 불편함이 없었다. 무슨 차이인가 했더니 동양인과 다르게 유럽인들의 언어는 영어와 비슷한 점이 많다고 한다. 그래서 비교적 짧은 시간에 영어를 배우고 쓸 수 있다고 한다. 그 친구에 비하면 3배를 노력해도 따라가기 어려웠다. 선천적으로 한계가 있기라도 한 것처럼 느껴졌다. 나이도 어린 친구가 짧은 시간에 유창하게 영어로 말하는 그 친구가 부러웠다.

노력하는 만큼 영어 실력이 나아지지 않았다. 수업시간에 배우고 집에서 연습해도 돌아서면 까먹었다. 스스로 돌머리가 아닌가 한탄하면서 시간을 보냈다. 1달 정도 되니 기본적인 인사 정도는 할 만했다. 통장에 잔고가 넉넉지 않아 아르바이트해야겠다고 생각했다. 처음에는 학교에서 소개해준 청소 일을 시작했다. 학교 수업이 끝나면 옆 고등학교 교실 청소를 했다. 청소기를 어깨에 메고 청소하는 모습이 부끄러웠다. 1989년 유행한 고스트바스터에 나오는 주인공들이 메는 장비를 연상케 했다.

'내가 이 좋은 나라에서 왜 이런 일을 하고 있지.'

이러려고 이 먼 나라에 왔나 하는 자괴감이 들었다. 빨리 영어 실력이 늘어서 사람들과 대화도 할 수 있는 일을 하고 싶었다. 청소는 1~2시간이면 끝나서 여유시간을 쓸 수 있어 좋지만, 돈을 더 벌어야 했다. 욕심은 많고 당시 내 상태는 초라하게 느껴졌다.

다른 일자리를 알아봤다. 인구가 4,000명인 동네는 상가도 별로 없었다. 그나마 관광지여서 식당하고 기념품 가게가 좀 있었는데 다 합쳐야 3~40군데 정도 되어 보였다. 학교에서 이력서 쓰는 법을 배웠다. 이력이라 봐야 별거 없지만, 무식한 놈이 용감하다고 했다. 가게마다 돌아다니며 이력서를 돌렸다. 학교 선생님이 그렇게 하라고 알려줬다. 아무 데서도 나를 고용하겠다고 하지 않았다. 다음날 전화기만 붙잡고 기다렸다. 역시나 아무 연락도 오지 않았다. 손 놓고 있을 수 없었다. 그래서 또 나갔다. 도심에 있는 상점은 더 갈 데가 없었다. 외곽에 호숫가로 가니 호텔이 보였다.

하늘을 찌를듯하게 높은 산 밑에 끝없이 펼쳐진 그림 같은 호수가 있다. 호수 가장자리에 Edge Water Resort라는 호텔이 있었다. 크게 숨을 한번 들이쉬며 문을 열고 들어갔다. 안내 데스크에 마주친 직원에게 "I am looking for a job." 이라고 얘기했다. 직원은 잠시만 기다리라고 하고 매니저를 불러왔다. 엉터리 영어로 몇 마디 주고받고 이력서를 건넸다. 뭐라는지 잘 못 알아들었지만, 주방에 자리가 있다고 하는 듯했다. 무슨 뜻인지는 몰랐지만, Kitchen hand 뭐라고 하는 것 같았다. 됐다 싶어 yes, yes, Thank you…. 를 연신 내뱉었다. 그리고 다음 날부터 주방으로 출근했다.

알고 보니 Kitchen hand는 접시닦이였다. 하루 7~8시간 서서 접시를 닦았다. 종일 서 있다 보니 다리는 매일 부어있었다. 뜨거운 물에 여러 장비를 사용하다 보니 손에 상처도 났다. 낮에 학교에서 공부하고 와서 저녁 내내 일하는 게 힘들었다. 그래도 함께 일 하는 요리사들과 영어로 대화할 기회가 주어졌다. 친절한 몇몇은 먼저 말을 걸어줬다. 알아들을 수 있는 말이 거의 없었다. 몇 번 못 알아들으니 말을 걸어줘도 내가 회피하게 되었다. 생각처럼 되는 일이 없었다. 영어 실력도 잘 안 늘고 돈 벌기도 어려웠다. 영어가 안 되니 친구도 없었다. 쉬는 날엔 방안에 혼자 가만히 있었다.

호숫가를 걷기 시작했다. 어학기를 귀에 꽂고 무작정 들었다. 같은 문장을 반복해서 읽어줬는데 알아듣기 어려웠다. 뾰족하게 다른 방법이 없어서 그냥 계속 들었다. 침대에 누워 귀에 꽂은 이어폰을 안 빼고 듣다가 잠드는 날도 많았다. 혹시 자는 사이에 머릿속에 입력이 될까 하는 심정이었다. 마치 기도하듯이 들었다. 제발 영어 좀 잘 하게 해달라고 빌듯이 말이다.

혼자 중얼거렸다. 어학기에서 읽어주는 문장과 비슷하게 해보려고 했다. 하도 여러 번 반복하다 보니 몇 마디 외워지기도 했다. 그리고 외국인과 말할 기회가 생겼다. 외워진 말을 내뱉어 봤다.

"How long have you been here for?"

처음에 내 말을 못 알아들어 몇 번 반복 했다. 드디어 외국인이 내 말을 알아들었다. 최초로 영어답게 문장으로 말한 걸 현지인이 알아들었다. 뭔가 해냈다는 성취감을 느꼈다. 이후 처음 만나는 사람한테 무조건 이 문장을 내뱉었다. 그리고 추가로 문장이 하나둘 늘어났다.

3개월이 지났다. 중고차를 장만하고 떠날 준비를 했다. 구체적인 계획은 없었지만 자유롭게 다니면서 여행하고 돈 떨어지면 일하는 그런 생활을 해보고 싶었다. 그리고 떠났다. 처음 뉴질랜드에 도착했던 Christ Church에 갔다. 제법 큰 도시여서 직장이 많았다. 이미 구직해본 경험이 있어서 어느 정도 자신을 가지고 큰 호텔에 갔다. 지원업무는 호텔 방 청소였다. 호텔 매니저와 면접을 보게 되었다. 한 번에 딱 알아듣는 말은 많지 않았지만, 처음 구직할 때와 비교하면 실력이 향상됐음이 느껴졌다. 매니저와 이런 저런 얘기를 하며 10여 분 동안 면접을 봤다. 결과는 친절하게도 바로 말해주었다. 나는 그 호텔에서 일할 수 없다고 했다. 이유는 업무를 하기에는 영어 실력이 부족했기 때문이라고 했다.

　묻지 마 지원이 도시에서는 안 통한다 여기고 미련 없이 떠났다. 3시간여 아름다운 풍경을 감상하며 달리다 보니 Blenheim이라는 작은 마을에 도착했다. 게스트하우스에 가면 농장 일자리를 얻을 수 있다는 이야기를 들었다. 근처 게스트하우스를 찾아다녔다. 한적한 곳 작은 간판에 Lemon tree backpackers 라고 쓰인 곳에 들어갔다. 낡은, 판데기로 조악하게 짜인 테이블 안쪽에 앉아있던 중년여성이 인사해 주었다.

　"Hello, how are you?"

　"Good, yourself?"

　"I'm good too, thanks for the asking. How can I help you today?"

　"I am looking for farm job."

　"OK, there are contractors who's requiring farmhands and I can introduce you to them if you stay here.

　"Oh, that's good. Let me try to stay here for 1 week first."

　일단 1주일을 지내기로 하고 방을 안내받았다. 10명이 머무는 방이었다. 사무실만큼이나 허름하고 좁은 방에는 2층 침대가 빼곡하게 들어서 있었다.

　사과밭에서 사과를 수확하는 일을 하게 되었다. 한 아름드리 되는 바구니를 앞으로 메고 사다리를 이용해 나무에 올라갔다. 사과는 많았다. 길지 않은 시간에 바구니가 찼다. 날이 덥고 힘들어도 돈을 벌 수 있다는 생각으로 버티며 했다. 결제는 능력제로 받기로 했다. 1톤 정도 되는 상자에 하나 채우면 만원 정도 받는 식이었다. 첫날은 3상자 정도 하여 보수가 9만 원 정도 되었다. 이 정도면 나쁘지 않다 생각했다. 그런데 옆에 사람 얘기를 듣고 욕심이 생겼다. 한국 남자였는데 그날 6상자를 땄다고 했다. 똑같은 조건에 같은 시간을 노동했는데 그 사람은 두 배를 번 것이다. 사람들은 그를 농신이라 불렀다. 그리고 한국 사람들은 부지런하고 능력이 좋아서 일을 잘한다고 했다. 농신에게 가서 비법을 물어봤다.

"어떻게 하면 그렇게 일을 잘 할 수 있어요? 그 나무에는 사과가 더 많은가요?"

"나무는 다 똑같습니다. 다만, 너무 완벽하게 하려고 하지 마세요. 사과를 넣다 보면 잎사귀도 조금은 딸려 갈 수 있어요. 감독관은 절대로 잎사귀가 들어가지 않도록 해야 한다고 하는데 티 안 날 정도는 들어가도 괜찮아요. 그렇지 않으면 속도를 낼 수가 없거든요."

"네, 고맙습니다."

다음 날 나도 농신이 되어보려고 눈에 불을 켰다. 무조건 속도만 신경 썼다. 사과와 함께 잎사귀도 많이 들어갔지만, 감독관이 지적하지 않는 한 신경 쓰지 않았다. 오전 세 시간 만에 2.5상자를 땄다. 어제 종일 3상자를 딴것과 비교하면 비약적으로 속도가 빨라졌다. 더 열심히 하면 머지않아 농신도 따라잡을 수 있을 거로 생각했다. 점심을 먹고 있는데 감독관이 불렀다. 가보니 내가 딴 사과 상자들이 있었다. 사과를 하나하나 보여주며 내가 딴 사과는 팔 수 없다고 했다. 사과에 멍이 들어 상품 가치가 없어졌기 때문이었다. 돈에 눈이 멀어 속도에만 신경 쓰다 보니 사과를 던지듯이 딴 것이다. 그날 그 자리에서 일자리를 잃었다. 해고는 불쾌한 경험이었다. 어떤 일이든 능률도 중요하지만, 품질도 신경 써야 한다는 교훈을 얻을 수 있었다.

영어 실력은 정말 안 늘었다. 투자하는 시간과 돈에 비하면 손해가 너무 컸다. 내가 머리가 이렇게 나빴나 싶기도 했다. 조금만 나보다 잘하는 사람을 보면 너무 부럽고 그렇게 하지 못하는 내가 작아 보였다. 영어 잘하는 사람을 보면 영어를 잘하는 것일 뿐인데 왠지 머리도 좋아 보였다. 시간이 지나고 보니 내가 잘못 알고 있었다는 걸 깨달았다. 어느덧 자연스럽게 외국인과 대화를 했다. 나를 부러워하는 사람들이 늘어났다. 속도는 다소 차이가 있다. 내 영어 실력 향상 속도는 그냥 평범했다. 분명한 것은 영어를 배우길 원하고 시도하면 누구나 할 수 있다는 것이다.

편입학

대학 간판을 바꿔보면 좀 낫지 않은가?

뉴질랜드에 다녀오니 영어 좀 하는 사람이 되었다. 영어 한마디 못했는데 외국인과 대화 좀 하게 되어 자신도 자랑스러웠다. 외국인과 자연스럽게 대화하게 되었으니 대단하다고 생각이 되었다. 주변 사람들도 나는 대단하다 칭찬해주고 부러워했다. 이제 나는 뭐든지 할 수 있다는 자신감이 생겼다.

한국에 돌아와서 미국행 비행기 표를 끊었다. 미국 대사관에 가서 비자도 획득했다. 미국에서 영어를 더 해보고 싶었다. 갑갑한 한국 생활이 싫어 자유로운 외국 생활을 이어가고 싶기도 했다. 미국에 친구가 있거나 직장이 정해진 것은 없었다. 누군가 그냥 가도 직장 구할 수 있다는 말을 해주었을 뿐이었다. 불법체류 신분으로 말이다.

부모님은 차라리 편입학에 도전해보라고 하셨다. 자식이 해외로만 돌다가 해외에 정착할까 봐 걱정이셨다. 한번 뽑은 사나이 칼 뭐라도 썰어야 했다. 아무엇도 없이 다시 넣을 수는 없었다. 출국이 다가오자 겁이 났다.

'불법 체류하다 잘못되면 어떻게 하지? 감옥 가거나 국제미아 되려나?'

고맙게도 부모님은 계속해서 설득해 주었다. 못 이기는 척 출국 며칠 앞두고 미국행을 포기했다.

바로 편입준비에 들어갔다. 서울에서 사업을 하고 있던 사촌 형 집에 머무르며 동대문에 있는 김영학원에 등록했다. 생각보다 넓은 강의실에 많은 자리가 빽빽하게 있었다. 못해도 100명은 들어 올 수 있을 거라 생각되었다. 과연 이곳을 다 채울 사람이 있을까 싶었다. 수업시간이 다가오자 이제는 책상이 많아 보이지 않았다. 대학간판 바꿔보려는 사람들로 자리는 넘쳐났다. 첫 수업에 강사가 앞에서 으름장을 놓았다. 편입영어 수준은 매우 높아서 공부를 열심히 하지 않으면 실패할 거라고 했다. 그리고 처음 모의시험을 봤다. 시험지에 나온 언어가 영어가 맞는지 의심스러웠다. 읽어도 읽히지 않았다. 다행히 전부 객관식이어서 찍었을 수 있었다.

다행히 40점이나 맞았다. 1년이나 외국에서 외국 사람들과 어울려 지냈는데 뚜껑을 열어보니 아는 게 없었다. 다시 복학생 모드로 돌아갔다. 학원, 도서관 그리고 집 이 순서로 하루하루를 보냈다.

'학사경고 수준이었던 나도 노력하니까 장학금도 받았잖아? 어학연수까지 다녀온 난 분명 다를 거야. 난 할 수 있어!'

한 달 후, 또 시험을 보았다. 역시 공부를 해서 그런지 아는 단어가 보였다. 자신 있게 풀고 옆 친구들에게 여유 있는 미소를 보냈다. 그 여유는 채점과 동시에 분노로 바뀌었다. 첫 시험 몰라서 찍은 게 40점인데 이번에 공부하고 35점이었다. 같이 공부하던 단짝 형은 성적이 잘 나왔다. 초반부터 70점대가 나왔고 잘 유지했다. 이 대로면 고려대도 갈 수 있는 성적이었다. 처음엔 같이 공부하고 밥도 먹으러 다녔다. 그런데 나의 열등감이 커지면서 거리가 생겼다.

꾸역꾸역 공부했다. 성적은 쉽게 오르지 않았다. 잘하는 사람과 비교하면 나는 무슨 문제인가 하고 자괴감에 빠지기도 했다. 욕심은 서울에 있는 대학교에 가고 싶었다. 많은 시간을 투자하면 문법, 단어공부를 했지만 크게 나아지지 않았다.

뉴질랜드 생활을 통해 영어를 습득하고 자신감에 날개를 달았다면, 편입영어 공부를 하며 제자리걸음을 경험했다. 가끔 도서관에서 보면 주구장창 의자에 앉아서 공부만 하는데 성적이 안 좋은 학생을 본다. 그런 학생을 보면 한심했다. 머리가 나쁜 것인지, 공부하는 방법을 모르는 건지, 왜 저렇게 비효율적으로 시간만 낭비할까 생각했었다. 편입 공부를 해보니 내가 그런 종류의 학생이었다. 의자에 앉아있는 시간에 비해 성적이 안 좋았다. 그리고 효율적으로 잘 하는 사람들을 보며 열등의식을 느꼈다.

모든 사람이 1등을 할 수는 없다. 특정한 기준으로 줄을 세워놓고 보면 우열이 생긴다. 그 우열이 진실일까? 정말로 우월한 사람과 열등한 사람이 있는지 생각해 보았다. 그렇다면 세상에는 극소수의 1등을 빼고는 모두 열등하다. 소수의 1등마저도 모든 분야에서 1등일 수는 없다. 결과적으로 이 세상 모든 사람은 열등하다. 열등한 사람은 열등의식을 느낀다. 열등의식은 사람을 불행하게 한다. 모든 사람은 열등하므로 불행해야 하는가? 그렇지 않다. 사람을 줄 세울 수 있는 특정한 기준이란 애초에 없는 것이다. 심심한 인간이 동물과 차별하기 위해 만들어 낸 것뿐이다. 우월해지고 싶어라 하는 인간의 본성이 상상의 기준을 만들었을 뿐이다. 상상의 기준이 보편적인 공감을 통해 마치 존재하는 질서처럼 된 것이다. 행복해지는 방법이 간단하게 나온다. 기준을 없애버리는 것. 획일화된 기준 말고 나만의 기준으로 자신을 봐야 할 것이다. 있는 모습 그대로 만족하고 예뻐할 수 있어야 한다.

　나는 우월하기보다는 열등의식 속에서 살아왔다. 학창시절, 대학입학, 뉴질랜드 그리고 편입학 과정에서 열등의식을 느꼈다. 굳이 말하자면 행복하기보다는 불행했다. 지금도 순간순간 불행해진다. 다만, 언제 내가 열등의식을 느끼는지 알아차리는 게 연습이 되고 있다.

　'또 보편적인 기준으로 열등의식으로 빠지는구나.'

　6개월간 우여곡절 끝에 편입학하게 되었다. 새로운 곳에서 대학 생활을 하게 되었다.

꿈 많은 대학 생활

편입생이 복수전공에 아르바이트 그리고 장학금까지!

어느덧 20대 후반 26살이 되었다. 지금 생각하면 어린 나이인데 동료 학생들과 비교하면 나이가 많은 편이었다. 어린 학생들은 기껏해야 3~6살 많을 뿐인데 나를 어르신이라 불렀다.

남녀비율은 9:1정도 되었다. 편입학하길 잘했다는 생각이 들었다. 남중, 남고, 군대 그리고 남자들만 득실대는 공대에 있었는데 식품영양학과 학생은 대부분 여자였다. 공부하기 참 좋은 환경이었다. 내가 특별히 잘나거나 인물이 좋아서가 아니라 남자라면 누구나 관심받았다. 학생들로 북적거리는 복도를 지나가거나 강의실에 들어갈 때 시선을 느낄 수 있었다. 참 좋은 일이었다. 학교에서 더 좋은 오빠로 여학생들에게 더 많은 관심을 받고 싶은 마음에 수업도 더 열심히 듣고 매사에 열정적인 모습을 보였다.

식품경영이라는 수업에서 조 활동을 하게 되었다. 삼삼오오 아는 친구별로 조가 만들어지기 시작했다. 나는 아는 사람이 없어서 어떻게 해야 하나 고민이었다. 다행히 여학생들이 말을 걸어주었다.

"오빠, 우리랑 같이해요."

"어? 그럴까?"

발표나 연구 과정에서 남자의 역할이 유리하다고 생각했을 모양이다. 몇 안 되는 남학생은 여기저기서 채가느라 경쟁 아닌 경쟁을 했다.

고등학교에서 생물을 좋아해서 그런지 식품영양학과에서 배우는 내용이 낯설거나 어렵지는 않았다. 성적이 잘 나왔다. 자연과학 쪽에 적성이 있는가 싶기도 했다. 시험 기간이 되면 내 노트를 복사해 가는 학생들도 있었다. 사실 난 악필이라 내가 쓴 글도 잘 못 알아보는데도 말이다.

나이 어린 학생들과도 잘 어울렸다. 도서관에서 아르바이트 하며 용돈을 충당했다. 그 덕에 부모님 부담도 덜어드렸다. 많은 여학생의 관심을 받아 흐뭇했다. 삶이 만족스러웠다. 입학한 지 한 달도 안 되어 여자친구도 생겼다. 세상에 부러울 게 없었다.

어느 날 공강 시간에 매점에서 동생들과 밥을 먹고 있었다. 컵라면에 김밥을 놓고 도란도란 이야기하며 즐거운 시간을 보내고 있었다. 그때 여자친구가 매점 문을 열고 들어왔다. 얼굴이 마주쳤는데, 내 인사를 받을 새도 없이 바로 뒤돌아 나갔다. 영문도 모른 채 여자친구를 따라나섰다.

"왜 그래?"

"몰라서 물어?"

"응?"

"우리 헤어져!"

"뭐라고?"

이유를 알 수 없었다. 그렇게 여자친구는 집으로 갔다. 저녁에 여자친구 집 앞으로 찾아갔다. 한참을 울었는지 퉁퉁 부은 눈으로 나왔다. 근처 술집에 가서 술 한잔하면서 이야기했다. 내가 다른 여자들과 웃고 즐거운 시간을 보내는 걸 보고 화가 났다고 했다. 나에게는 아무 일도 아닌데, 헤어질 만한 일이 아니라고 생각했다. 여자친구에게 걱정할 만큼 큰일은 아니지만 싫다면 앞으로는 다른 여자와 이야기 하지 않겠다고 했다. 90% 이상이 여자인 식품영양학과에서 많은 여자로부터 관심을 받아 행복했다. 남자들 세상에서만 지내다가 이제야 여자들과 소통을 하며 인맥을 쌓고 있었을 찰나! 이제 한 여자만을 바라봐야만 했다.

취직하려면 식품영약학과 하나만으로는 뭔가 부족하다는 생각이 들어 경영학 복수전공을 했다. 두꺼운 경영학과 원서를 들고 다니면 마치 대단한 지식인이 된 듯한 착각에 빠지기도 했다. 기억에 남는 수업이 있다. 경영전략이라는 과목이었다. 수업 첫날 60여 명의 학생이 강의실을 가득 메웠다. 교수님은 느닷없이 학생들에게 호통을 쳤다.

"경영전략이 어떤 수업인지 알고 이렇게 많이들 왔어요?"

"경영학과 모든 수업을 듣고 기본지식이 있어야 이해할 수 있는 수업입니다."

"어설픈 마음으로 온 사람은 철회하세요!"

"경제신문 읽지 않는 사람도 철회하세요!"

맨 앞줄에 앉아서 심장을 졸였다. 교수님 말대로라면 나는 이 수업을 들으면 안 됐다. 그래도 철회하기는 싫었다. 다음 주에도 교수님의 호통은 이어졌고 학생 수가 눈에 띄게 줄었다. 3주차 되니 남아 있는 사람은 10명 남짓 되었다. 촌놈 특유의 깡으로 버티고 있긴 했지만, 앞줄에서 질문이라도 할까 봐 교수님 얼굴을 쳐다보지도 못했다. 교수님이 엄포했던 만큼 어려운 수업이었다. 매주 독후감 숙제 내주어 발표를 시켰다. 시중에 잘 있지도 않아 구하는 데만 며칠씩 걸렸다. 전략론, 불확실성경영, 성공기업의 딜레마, 꿀벌과 게릴라, 경쟁론 등으로 기억한다. 한 학기 내내 지옥을 경험했다. 도서관 알바, 식영과 수업, 경영학과 수업 등을 하느라 없는 시간 쪼개서 책 구하러 다니고 밤잠 설쳐가며 읽었다. 허탈했던 건, 밤새 읽어도 내용이 이해가 안 갔다는 사실이다. 다음날 발표하는데 10명도 안 되는 학생들 앞에서 어찌나 긴장했는지 모른다. 수업을 철회하지 않았음을 학기 내내 후회했다. 학창시절 이후 처음으로 결정에 대해 후회를 했다. 그렇다고 상황을 돌릴 방법은 없어 이 악물고 버텼다.

어느덧 시험 기간이 되었다. 두꺼운 원서를 이해하려고 몇 날밤을 새웠지만, 자신이 없었다. 시험날 시험 문제를 보았는데 추상적이고 주관적이었다. 답이 떠오르지 않았다. 지금까지 들인 공과 시간이 너무 아까웠다. 힘없이 답안을 제출하고 강의장을 나오며 결심했다.

'앞으로 어려운 수업은 피하자. 너무 자만하지 말자.'

욕심이 화를 불렀다. 어려울 것 같으면 철회하고 다른 과목 수강했어도 문제될 게 없었다. 무식해서 용감했던 모양이다. 그래서 도전할 수 있었을지도 모르겠다.

의외의 결과가 나왔다. A+ 였다. 이유가 궁금했지만, 수업이 끝났기에 물어볼 수 없었다. 혹시 물어봤다가 실수였다고 F로 바꾸면 어쩌나 생각이 들기도 했다. 영어 속담 중에 'No pain, no gain.'이라는 말이 있다. 무언가를 얻기 위해서 고통은 필연적인 모양이다.

과정에서 많은 고통을 겪었으니 무엇을 얻었는지 생각해 보았다. 결과가 좋아 다른 도전을 할 용기도 생겼다. 벌써 철회했던 친구들은 나를 인정했다. 경영학과 학생들도 인정해 주었다. 장학금도 받았다. 독서에 대한 자신감도 생겼

나. 수업 때문에 보기 시작한 경제신문을 3년간이나 구독했다.

욕심이 많았다. 식품영양학과 공부, 경영학과 공부, 도서관 아르바이트, 여자친구, 학우들, 모임 어느 것 하나 놓치고 싶지 않았다. 다 잘 하고 있다고 생각했다. 운이 좋게 성적은 좋게 나왔지만, 여자친구를 위해 다른 학우들과의 관계는 어느 정도 포기해야 했다. 동시에 많은 것을 하는 만큼 바쁘게 살아야 했다.

모두 다 잘할 수 있으면 참 좋을 것 같다. 잘생기고, 공부 잘하고, 성격 좋고, 운동 잘하고, 요리 잘하고, 돈 잘 벌고, 외국어까지 잘하고 싶다. 한꺼번에 모두 다 잘할 수 있는 사람이 있을까 싶다. 전략적으로 접근해야 한다고 생각한다. 다 가지지 않고 태어난 이상 우리는 선택하고 집중해야 한다. 최선이 안된다면 차선을 선택하는 것이다. 최악이 아무것도 가지지 못한 거라면, 차악은 다 가지려다 모두 애매한 수준에 머무르는 게 될 것이다.

따져보면 나는 차악 즈음이 아닌가 싶다. 욕심이 많아서 이것저것 해보았다. 기타연주, 골프, 수영, 헬스, 스킨스쿠버, 영어, 공부, 직장 등 어떻게 보면 재주가 많아 보인다. 하지만 돈벌이가 될 만큼 뭐하나 집중적으로 파고든 것은 없다. 어느 분야든 어느 정도 상위 수준에 오르면 평생 먹고 사는 데는 지장이 없을 것이다. 그렇다면 내가 속한 차악과 나머지 최악 층은 잘난 사람들을 받혀주는 역할로 살다가만 가야 할까? 그렇지 않다. 나같이 차악에 있거나 아무런 재능이 없는 사람이라도 가능성은 있다고 본다. 사람은 개인마다 장점이 있기 마련이다. 본인만이 할 수 있는 무언가를 찾아내는 것이 중요하다. 그리고 그 분야를 개발하고 발전시키면 되는 것이다.

제2장
사회부적응자

누구보다 적극적으로 적성에 맞는 직장을 찾았지만
결국, 사회부적응자로 인정하다

제약회사 우수사원

노력으로 성취한 우수사원 타이틀

졸업이 다가오면서 빨리 취업을 해야겠다는 생각이 들었다. 대기업에 가고 싶었다. LG, 삼성물산, CJ, SK 케미컬 등 많은 회사에 지원했다. 대기업에서 해외업무를 하고 싶었다. 외국 사람들과 교류하고 영어를 쓰는 일이 그럴듯해 보이고 된다면 스스로가 자랑스러울 듯했다. 회사마다 입사시험이 있었다. 대기업에 입사하려는 사람들은 대부분 시험 준비를 했다. 짧게는 몇 개월 길게는 1년까지도 걸린다고 했다. 입사시험 공부에 자신도 없었고, 넉넉지 않은 살림에 고생하시는 부모님을 생각하면 빨리 취직을 해야겠다고 생각했다. 스스로 타협하여 있는 실력대로 부담 없이 도전해보고 안 되면 하향지원하기로 마음먹었다. 결과적으로 입사시험에서 다 떨어졌다. 적어도 시도는 해 봤으니 미련은 없었다.

뉴질랜드에서 효과를 보았던 묻지 마 지원을 했다. 이력서 써놓고 영업 관련

회사에 무차별적으로 입사지원을 했다. 며칠 안 지나서 한 제약회사에서 연락이 왔다. 면접을 보자고 했다. 큰 목소리로 "예!"라고 대답했다. 면접 전날 침대에 누워서 머릿속으로 생각해봤다.

'면접관은 무슨 질문을 할까? 무조건 열심히 하겠다는 말보다는 신뢰 가는 말을 해야 할 텐데.'

살면서 겪었던 경험을 바탕으로 예상 질문에 대답하는 연습을 해봤다. 어느 정도 생각해 보고 대강 논리에 맞고 믿음직하다는 생각을 하며 잠들었다.

면접 날 200여명 되는 사람들로 강당이 가득 차 있었다. 순서대로 다섯 명씩 면접을 보러 갔다. 머릿속으로 쉬지 않고 어제 하던 생각을 이어갔다. 집중이 잘 안 되었다. 의지와는 상관없이 두 다리는 연신 떨고 있었다. 드디어 내 차례, 하나같이 검은 양복을 입은 우리는 인솔자에 의해 위층 면접 장소로 올라갔다. 오래된 회사라 그런지 인테리어가 고풍스러웠다. 세 명의 면접관 앞에 섰다. 우리는 허리 숙여 인사한 후, 자리에 앉았다. 제일 왼쪽에 앉아있었는데, 오른쪽부터 한 명씩 질문이 시작되었다. 다들 열심히 설명했겠지만, 긴장해서 그런지 뭐라고 말하는지 하나도 들리지 않았다. 어느덧 면접관이 나에게 질문하기 시작했다.

"장문식 씨는 식영과인데 왜 제약회사에 지원하셨죠?"

"네, 사람이 먹는다는 관점에서 보면 약과 식품은 크게 다르지 않습니다."

"식품영양학과에서 영양소별로 인체에서 어떤 기능을 하는지, 그리고 영양소들이 부족했을 때 어떤 병들이 생겨나는지 배웠습니다. 저는 남들보다 약과 생리기전에 대해 더 잘 이해할 수 있다고 생각합니다. 또한, 경영학 복수전공을 했기 때문에 영업에 대한 전반적인 이해도 있다고 생각합니다."

떨리는 마음과 다르게 면접관의 눈을 쳐다보며 다소 여유 있는 몸짓으로 대답을 했다. 느낌이 나쁘지 않았다. 저녁에 밥을 먹고 있는데 면접 진행했던 상무에게 전화가 왔다. 원래 합격자 발표는 일주 후 있는데 저만 특별히 알려 주는 거라고 했다.

"장문식 씨 합격 했으니까 다른데 갈 생각 하지 말고 그렇게 알고 있어요."

"아, 정말요? 네, 감사합니다!"

더 이상 구직활동은 하지 않았다. 4학년 2학기 11월 어느 날 합격 통지를 받았고, 11월 19일 입사했다. 2달 동안 집체교육을 받았다. 매일 아침부터 저녁까지 회사 교육을 들었다. 다음 날 아침에는 전날 공부한 내용 시험을 보았다. 대부분 사회 초년생이었던 25명 동기들은 회사에 잘 보이고 싶어서 교육에 최선을 다했다. 강의시간에 학구열도 대단했지만, 강의 후에도 술 마시거나 노는 사람 없이 하나같이 공부만 했다. 교육이 끝나고 성적 순위를 말해주었다. 면접 1등, 시험에서는 4등을 했다. 상은 시험에서 3등까지만 줘서 받지 못했지만, 면접 1등으로 위안으로 삼았다. 좋은 성적으로 교육도 마쳤고 앞으로 희망찬 미래가 펼쳐질 것 같았다.

지점에 발령이 났다. 군대 자대배치 받는 기분으로 사무실에 첫 출근 했다. 동기 세 명과 사무실 소파에 앉았다. 굳은 표정으로 경리가 타준 커피를 마셨는데 동작이 어색했다. 다들 이등병처럼 각이 잡힌 자세로 선배가 부르면 큰소리로 대답할 준비가 되어있었다. 제약 영업조직은 군대 같았다. 선배들에게는 보이지 않게 역할이 있었다. 군기 잡는 역할 하는 8년 차 대리, 소대장 역할은 지점장, 하사 역할은 소장이 했다. 영업 회의는 군대에서 군기를 잡기 위해 했던 결산과 비슷했다. 지점원들은 매일 혼나는 분위기였고 이런 분위기가 당연하다는 듯 받아들이는 분위기였다.

군기 담당 대리는 신입사원들을 못 잡아먹어 안달이었다. 입사하자마자 아무엇도 모르는데 빨리 실적 올리라고 야단이었다. 자랑이라도 하듯 본인의 노하우도 알려주었다. 전대리는 영업을 잘해서 고객인 병원 원장들과 형 동생 하는 경우가 많다고 했다. 비결은 다름 아닌 술이었다. 대리는 매일 술을 마셨다. 일 때문에 술을 마시는지 술이 좋아서 마시는지 잘 구별이 안 되었다. 나름 열심히 대학 졸업해서 취직했는데, 학교에서 배운 건 하나도 못 써먹고 술 영업을 해야 한다고 생각하니 할 마음이 생기지 않았다. 그렇다고 술을 평소에 싫어한 것도 아니지만, 안 배워도 누구나 할 수 있는 술 영업은 왠지 내키지 않았다. 대리가 술 영업에 반기를 들고 내 방식대로 영업하다 보니 자연스럽게 대리의 타겟이 되었다. 아침에 출근해 조회하고 할 일 정리하고 외근을 나가기까지 2~3시간이 걸렸는데, 매일같이 대리로부터 잔소리를 들었다. 영업하고 귀소하면 왜 술 안 마시고 왔냐며 갈구고 잔소리했다. 나름의 방법으로 누구보다 영업활동을 해왔기에 답답하고 억울했다. 어느 날, 월말 회식 자리였다. 대리가 또 잔소리를 시작했다. 실적을 빨리 내라고 그러기 위해서는 술을 마셔야 한다고 말이다.

"대리님, 저 알아서 잘 하겠습니다. 믿고 기다려 주세요!"

"뭘 믿고 기다려?"

"제 방식대로 해보겠습니다. 1년만 기다려 주세요. 1년 뒤 성과가 안 나오면 그만두겠습니다."

"여기는 학교가 아니야. 언제까지 기다려 줄 수가 없어. 당장 실적이 나와야 한다고. 어서 가서 원장들하고 술 마셔."

제약 영업이라는 게 별것 없었다. 병원 원장 만나서 회사 약 많이 사용하도록 유도하는 일이었다. 내가 맡은 거래처 중에는 전임자에게 서운한 감정이 있는 곳이 많았다. 처음 50여 군데 거래처를 받았는데, 반기는 곳은 거의 없었다.

3개월 정도는 관심을 안 보이는 원장들에게 인사만 하고 다녔다. 언제까지 이렇게 해야 하는지 기약이 없어서 막연했지만 달리할 수 있는 게 없었다. 약 관련 정보를 설명하며 영업을 할 수도 있지 않을까 생각했다. 원장은 약에 대해서 우리보다 몇 단계는 앞서있는 전문가였다. 괜히 약 얘기 했다가는 의사 자존심을 긁는 게 되어 본전도 못 찾을 일이었다. 번데기 앞에서 주름잡을 수 없지 않은가.

술 안 마시고 약 얘기도 안 하고 남들보다 잘 할 방법은 떠오르지 않았다. 답답한 마음에 한 병원 간호사에게 방법을 물어봤다. 의외의 얘기를 들었다. 보통은 병원을 방문할 때 원장에게 커피나 음료수를 가져오지만, 너무 질려 한다고 한다. 원장은 그렇게 들어오는 음료수가 너무 많아서 고마워하지도 않고 마시지도 않는다고 했다. 비슷한 비용을 들이면서 남들과 다른 방법을 써보라고 했다. 각 티슈나 A4용지 같은 걸 들고 와보라고 했다. 효과가 있었는지 알 수가 없었다. 원장들은 좋다 나쁘다 표현이 거의 없었다. 좋은지 싫은지 도통 알 수 없었다. 대신 매출이 조금씩 오르기 시작했다. 우리 제품으로 하나둘 바꿔주는 병원이 생겨났다. 그러다 한 곳은 모든 약을 우리 제품으로 바꿔주기도 했다. 당시 제약 시장 전반적으로 매출이 떨어지거나 정체되는 시점이었다. 나는 원장들의 응원에 힘입어 20% 매출을 증가시켰다. 그리고 다음 해 시무식에서 200여 명 영업사원 앞에서 성공사례 발표를 하기도 했다.

지옥같이 힘든 시기였다. 1년 6개월 근무하는 동안 이상과 하는 일이 맞지 않아 괴로웠다. 대학원에 다니는 여자친구는 직장인인 나를 이해하지 못했다. 우리는 하루가 멀다고 싸웠다.

"오빠는 왜 연락을 안 해? 그렇게 바빠?"

"어 바쁘다기보다는 눈치 보여서 핸드폰 보기도 어려워."

연락할 틈이 왜 없었겠는가. 이등병처럼 눈치 보며 아무것도 못 하는 신입사원의 비애를 여자친구는 이해할 수 없었을 것이다.

매일 그만두고 싶다는 생각이 들었다. 이등병 군 생활처럼 억지로 하루하루를 살았다. 하는 일이 슈퍼 갑인 의사 앞에서 읍소 영업 외에는 딱히 없었다. 뭔가 더 배울 수 있고 가치 있는 일을 하고 싶었다.

하고 싶은 일, 잘 할 수 있는 일 둘 중에 고민이었다. 제약 영업은 이미 성과가 있으니 잘 할 수 있는 일이라는 생각이 들었다. 마음속에서는 해외업무에 대한 호기심이 가시지 않았다. 도전해보고 싶었다. 정신과 영업을 하다 보니 그만둘 즈음에 의사들에게 인사하며 꿈 얘기를 하기도 했다. 해외업무를 해보고 싶다고 말이다. 그중 한 의사가 나에게 이렇게 말했다.

"자네는 상향욕구가 강하구먼!"

무슨 말인지 잘 못 알아들었지만, 욕심이 많다는 말로 이해가 되었다. 직업에 귀천이 없다. 다만 내가 하고 싶은 일과 그렇지 않은 일은 있을 수 있다. 제약 영업을 하더라도 자부심을 느끼고 나만이 할 수 있는 무언가의 특성을 살려서 한다면 달랐을 것이다. 의사들도 특별한 영업사원이라면 필요로 아쉬워할 수 있는 구조로 말이다. 나를 포함한 대부분 영업사원은 비슷한 방식으로 경쟁만 했다. 그러니 을의 처지에서 벗어날 수 없고 읍소 말고는 방법이 없었을는지도 모르겠다.

남들에게 말하기 좋은 해외 영업

공짜로 해외 출장 다닌다고 부러움을 산 해외영업사원의 불편한 진실!

제약회사에서 퇴직하고 한 달을 쉬었다. 그만두기 전에 지원해둔 회사에서 면접 보러 오라고 연락이 왔다. 꿈꾸어 왔던 해외 영업업무였다. 면접을 잘 보고 싶었다. 분명 영어테스트를 할 거라 생각되어 영어로 자기소개를 준비했다. 개포동 사무실에 도착했다. 한 층이 해외 사업부였는데 50여명 되어 보이는 직원들로 꽉 차 있었다. 긴장한 티 내지 않으려 애쓰며 팀장이 묻는 말에 대답했다.

"영어로 자기소개 해보시겠어요? 업무상 영어를 써야 하니까 기본적으로 검증이 필요합니다."

"네. I've been to New Zealand for a year."

"I've met a lot of friends who was travelling like me from many other countries such as UK, Japan, Poland, France, Australia and so on. We had great time, travelling and working many places together. Experiences in New Zealand made my dream to have a job, working with multinational partners one day. And it is great opportunity for me to work with you at the overseas sales department here."

대략 이런 식으로 콩글리시 섞어서 얼버무린 것으로 기억한다. 다음날 인사팀에서 연락이 왔다. 합격이라고 했다. 드디어 꿈에 그리던 해외업무를 해볼 수 있게 되었다.

해외 영업업무는 주변 사람들에게 말하기 좋았다. 영어로 업무를 보고, 외국 사람들과 자주 만난다고 하면 신기해하고 부러워하는 사람이 많았다. 내가 대단한 사람이라도 된 것 같은 기분이 들기도 했다. 실제로는 업무가 과중했다. 여러 나라를 담당하면서 시차에 맞추어 일하게 되었다. 아침에 뉴질랜드 호주 업체들과 업무를 시작하여 오후에 이스라엘과 영국사람들과 업무를 보았다. 영국과는 시차가 8시간이 난다. 일이 있으면 일을 처리하느라 밤 10시 넘어서까지 야근을 했다. 평균 퇴근 시간이 9시 정도 됐다.

PDA를 제조하는 회사였다. 유럽팀에서 호주, 뉴질랜드, 이스라엘, 그리고 영국에 거래처를 담당하게 되었다. 영어가 유창한 선배들이 많았다. 미국 유학파, 재미교포 등 나와는 비교 안 될 만큼 외국어에 능통한 사람들이 많았다. 팀장은 미국 유학파였다. 여자팀장으로 당차고 유능해서 회사에서 인정을 받고 있었다. 팀 일에 있어서 완벽함을 추구했다. 완벽함을 요구하는 팀장의 기대치에 비해 내 실력은 너무 초라했다. 해외 영업이 처음이기도 했지만, 영어 실력도 많이 부족했다. 영어로 이메일 쓰고 전화통화 하는 게 쉽지 않았다. 팀장에게 많이 혼나면서 조금씩 배웠다. 반년 되어갈 즘, 팀장님과 해외 출장을 가게되었다. 친구들은 해외여행을 회삿돈으로 간다고 부러워했다. 나도 좀 기대가 되기는 했다.

출장 준비하는 과정부터 순탄치 않았다. 비행기 티켓팅, 호텔예약뿐만 아니라 업체들과 10일간의 미팅일정을 다 잡아야 했다. 미팅에서 안건도 준비해야 했다. 할 일이 많았다. 출장 가기 한 달 전부터 야근하며 업체들과 일정 조율했다. 티켓과 호텔도 예산안에서 정하려니 쉽지 않았다. 편리한 시간, 비싸지 않은 비행기 표 그리고 싸고 좋은 숙소를 예약하느라 많은 시간을 보냈다.

고생고생해서 드디어 출발하는 날이 왔다. 약속한 시각에 팀장님과 공항에서 만났다. 만나자마자 팀장님 표정이 안 좋다. 회사일로 해외업체를 만나러 출장 가는데 백팩을 메고 왔다고 나무랐다. 복장도 고객에 대한 매너인데 백팩은 예의가 아니라고 했다. 비행기 타기 전까지 3시간 정도 잔소리 들었다. 다른 뜻이 아니라 챙겨야 했던 샘플이 많아서 업체 미팅을 다니려면 백팩이 효율적이라 생각했던 것뿐이었다.

이륙 후 12시간 만에 시드니에 도착했다. 바쁜 일정이 시작되었다. 종일 업체들과 미팅을 했다. 밤에는 미팅한 내용 보고서 만들어서 제출해야 했다. 다음날은 멜버른으로 이동했다. 또 뉴질랜드 웰링턴으로 그다음 날은 이스라엘 텔아비브로 날아갔다. 텔아비브에서 3일간 일정을 마치고 런던으로 날아갔다. 긴 비행시간과 꽉 찬 일정, 보고서 작성, 그리고 시차 또한 피로를 가중했다. 일정을 모두 마치고 귀국하는 비행기를 타고 나서야 긴장을 풀 수 있었다. 다시는 회삿돈으로 해외여행 오고 싶지 않았다.

그해 연말, 전 영업사원은 사업계획서를 작성하느라 분주했다. 새로 부임한 본부장은 기존과는 다른 방식을 요구했다. 수치적인 목표 이외에 논리적인 수익모델을 만들라고 지시했다. 주입식 교육만 받아온 대한민국 청년으로서 처음 들어보는 말이었다. 다들 나름 말이 되는 발표를 하기 위해 노력하고 있었다. 발표 1주 전부터는 10시 전에 퇴근하는 사람이 없었다. 발표 전날은 거의 밤을 새우다시피 했다. 새롭고 창의적인 아이디어를 생각한다는 건 익숙지 않았다.

발표 당일, 내 차례가 되었다. 이스라엘 다이아몬드 가공 산업을 비즈니스 모델로 제시했다. 가공 공정이나 과정 중에 우리 제품을 사용하여 효율성과 정확성을 높일 수 있다고 생각했다. 관련하여 프로젝트를 진행하면 새로운 매출을 일으킬 수 있을 것 같았다. 본부장은 나를 비롯한 대부분의 사원들에게 질책했다. 구체적이지 않아 현실성이 떨어지는 게 이유라고 했다. 해보지 않았는데 어떻게 더 구체적으로 설명을 할 수 있겠나 싶었다.

잠도 포기하고 열심히 준비했지만, 본부장에게 깨지기만 했다. 그래도 이런 경험은 처음이었다. 제약회사 사업계획은 의례 하는 측면이 강했다. 보여주기 식이었다. 여기서는 뭔가 창의적인 일을 하고 있다는 생각이 들었다. 마치 사업가가 되어 시장을 개척하려고 아이디어를 짜야 했다. 경영학과에서 배운 모든 지식을 사용하고 더 많은 공부를 해야 하는 일이었다. 회사를 그만두게 되어 그 방식을 계속 이어가지는 못했지만, 앞으로 나의 사업에 본부장이 지시한 방법으로 매출을 창출하는 방법을 연구하며 해야겠다는 생각이 들었다.

회사에서 회사를 주제로 글짓기 대회를 했다. 사원들에게 회사에 대한 자긍심을 높이고 애사심을 고취하려는 의도였다. 입사할 때는 해외 영업을 하게 되어 행복했다. 업무가 많아 매일 야근하고 팀장 잔소리에 스트레스는 받았지만 견딜 만했다. 배우는 게 많으니 그 정도는 감수할 수 있었다. 문제는 일이 익숙해질 때부터였다. 회사의 단점들이 보이기 시작했다. 고객사들에 신제품 홍보를 하고 3년 넘게 출시가 연기되어 클레임이 많았다. 신제품 출시와 연계해서 진행하던 프로젝트들은 반복적으로 연기되거나 취소되기도 했다. 기존 오더도 납품기일을 잘 맞추지 못했다. 고객들은 돈을 내고도 몇 주씩 늦게 배송받는 경우가 많았다. 불량률도 높았다. 어렵게 납품한 물건에서 불량이 나면 수리하거나 교체하는데 긴 시간이 필요했다. 영업사원으로서 고객사에 매번 거짓말을 하는 꼴이 되기 쉬웠다. 이러한 어려움을 경영진이 알아주고 특단의 대처를 해주기를 바랐다.

내 글은 비꼬는 뉘앙스였다. 사원들에게는 인기가 많았다. 보는 사람마다 내 글이 인상적이었다고 칭찬해 주었다. 글이 좀 세다는 걱정도 있었다. 회사에서 내 글을 싫어할 거라는 생각은 못 하고 상 받을 생각을 했다. 내 해학적인 조언을 객관적인 입장에서 받아줄 거로 생각한 것이다. 얼마 후, 연봉협상에서 제외가 되었다. 회사에 반하는 글로 인해 사내에 안 좋은 분위기가 형성될 것을 우려해 징계를 내린 것이다. 성과와 상관없이 평가받아 기분이 좋지 않았다. 나름 회사를 위해 웃음으로 승화해 조언을 해주었는데 상은은커녕 벌이 내려졌다. 더는 회사에 있을 이유가 없었다. 사표를 내고 부사장 면담 때가 기억난다.

"자네는 입사시험 때 인성과 적성점수가 높게 나왔는데 왜 그런 글을 썼는지 유감스럽네."

"회사에서는 회사와 반대되는 생각을 하는 사람을 매우 경계한다네. 한 사람의 부정적인 생각이 여러 사람에게 전달되면 성과에 영향을 끼칠 수 있기 때문이지."

옳은 이야기를 한 것에 대해 좋은 평가를 받지 못한 점이 매우 서운했다. 회사 입장에서 보면 이해가 안 가는 부분은 아니긴 하다.

성경에 보면 이스라엘 백성은 신의 도움으로 종살이하던 이집트에서 탈출한다. 그리고 약속한 땅으로 가기 전에 사막과 같은 지역에서 40년을 보내게 된다. 풀도 동물도 없는 사막에서 신은 이스라엘 백성에게 만나라는 음식을 하늘에서 내린다. 처음에는 감사한 마음으로 받았으나 시간이 지나면서 불만 불평이 생겼다. 고기를 먹게 해달라고 외치는 사람이 생겨났다. 이집트에서 고기 먹고 잘살고 있었는데 신이 우리를 여기로 불러내서 고생하고 있다고 불평했다. 이를 들은 신은 메추라기 고기를 넘치게 모아주고 먹기도 전에 모인 수천 명을 죽였다. 무한하게 자비할 것 같은 신도 불평에는 분노했다. 조직 생활을 하려면 불평을 조심해야 한다. 회사가 직접 불이익을 주기도 하지만 당사자도 회사에 대한 불만으로 출근길이 힘들어질 것이다.

아무리 일이 중요하다고는 하나, 그에 못지않게 휴식도 중요하다. 낮에 열심히 일했으면 저녁에는 집에서 휴식을 취하거나 하고 싶은 취미 생활을 즐길 수 있어야 한다. 욕심에 따라서는 자기계발에 투자할 수도 있다. 적절한 지점에서 균형이 깨지면 어느 쪽이든 부작용이 일어나게 된다. 나는 회사 업무에 치여 개인적인 시간이 부족했다. 매일 밤늦게 퇴근하면서 언제까지 이렇게 살아야 하는지에 대한 신세 한탄을 하곤 했다.

비판적인 글을 쓰면서 회사 입장에서 보면 불순분자가 되었었다. 경영진으로부터 안 좋은 평가를 받았고, 이에 불만을 품어 회사를 나오게 되었다. 반대로 생각하면 회사생활을 잘 할 방법이 될 수 있다. 조직에서는 불만을 속으로만 생각해야 한다. 절대로 타인에게 드러내면 안 된다. 잘잘못을 떠나서 불만을 표출하게 되면 증폭되는 성향이 있다. 나도 내가 표출한 불만을 정당화하기 위해 더 많은 근거를 생각하고 사람들에게도 전했다. 결국, 나와 주변인들은 불합리한 회사에 출근하기 싫어진다. 회사생활을 잘 하고 싶다면 명심해야 할 부분이다. 불만을 표출하지 말자! 더 좋은 건 불만을 품지 않기!

원료 의약품 무역회사 해외사업부

집에서 엎어지면 코 닿을 거리에 회사가 있으면 되는 거 아닌가?

일자리 소개 사이트에서 이력서 하나 써놓고 묻지 마 지원을 했다. 며칠 후 문정동에 있는 원료의약품 도매업체로부터 연락이 왔다. 전 직원이 20여 명 안팎에 소규모 회사였다. 살고 있던 곳에서 걸어 가보니 5분도 안 걸렸다. 출퇴근 비용도 안 들고 시간도 절약할 수 있어 좋을 거라는 생각이 들었다. 면접날 회사 사무실에 들어갔다. 면접은 여러 번 경험이 있어서 따로 준비하지 않고 왔다. 경영진 두 분의 면접이 시작되었다. 이력서를 보며 전에 했던 일은 어떤 업무를 맡았으며, 지원동기 등을 물어봤다.

"저는 제약영업과 해외 영업을 경험하면서 영업이 필요한 부분과 해외업무에 대한 기본을 익혔습니다. 합격한다면 맡게 될 원료 의약품 수입 업무는 해외 원료제조사에서 제품을 소싱하여 국내 제약회사를 상대로 영업하시는 직원들에게 전달하는 것으로 알고 있습니다. 두 분야에 전문성과 상황을 이해하기 때문에 중간에서 잘 조율하는 사람이 될 거로 생각합니다."

두 분의 표정을 보니 자신감이 생겼다. 면접이 끝나고 맘에 드신다고 같이 일하자고 바로 말해줬다.

'뭐 이 정도 규모에서 당연히 나 정도는 좋아하겠지.'라는 생각도 들었다.

오만한 마음이 읽혔는지 사장이 말했다.

"자네는 짧은 간에 이력이 너무 많아. 젊은 사람이 끈기가 있어야지. 우리랑 일하려면 최소한 3년은 해야 해."

수입 업무는 별로 어렵지 않았다. 업무 프로세스를 크게 보면 다음과 같다. 먼저 영업사원들이 국내제약회사에서 필요한 원료 의약품을 해외 사업팀에 요청한다. 내가 맡은 인도나 유럽 또는 중국에 있는 거래처에 가격을 받고 의뢰한다. 적절한 가격과 품질이 된다고 판단되면 샘플을 요청한다. 샘플을 영업 사원에게 전달하면 국내 제약회사에서 품질 테스트를 한다. 테스트에 통과하면 제품을 식약처에 등록하고 정식 수입절차를 통해 소량 발주한다. 국내 제약회사는 시험용으로 1~2배치를 생산한다. 생산된 약으로 의약품 동등성 시험을 진행한다. 시험이 통과되면 상업 물량을 생산하고 시판에 들어간다.

해외 사업팀은 해외 원료제조사와 국내 영업팀 사이에서 필요한 부분 소통해 주고 조율하고 역할을 한다. 프로세스에서는 복잡할 게 없었다. 하지만 어떤 업무이든 한 번에 매끄럽게 진행되는 일이 없었다. 인도나 중국에 있는 원료제조사들은 발주하면 적게는 2주 길게는 2달까지 일정이 늦어졌다. 매일 아침 영업 회의를 했는데 일정에 대한 영업사원들의 불만이 많았다. 원료가 늦게 들어오면 국내 제약사의 생산일정에 차질이 생기기 때문에 자칫 거래처를 뺏기는 경우도 생기기도 했다.

원료를 소싱할 때 문제는 가격과 품질이었다. 고객사는 저렴하면서 좋은 품질을 요구했다. 가격협상을 잘하면 우리 회사 이익에도 도움 되기도 했다. 문제는 가격이 저렴하면 품질이 안 좋거나 필수서류 구비가 안 됐다. 모든 게 잘 갖추어진 제품은 가격이 비쌌다. 회사를 위해서는 많은 시간과 노력이 필요한 부분이었다.

영업과 해외업무에 경험이 있어서 하는 일에 흥미가 있었다. 회사에서도 나를 믿고 신뢰해 주었다. 맡은 일 범위도 넓어지고 일도 익숙해졌다. 꽤 유능한 직원이고 꼭 필요한, 없어서는 안 될 존재가 된 것 같은 착각이 들었다. 만족을 넘어 욕심이 생기기 시작했다. 팀에 선배가 있었는데 공은 내가 세우고 치사는 선배가 받는다는 생각이 들었다. 선배는 진작부터 대부분의 일을 넘기고 나머지 일부의 일만 맡고 있었다. 시간과 노력을 많이 해야 하는 일은 대부분 내 몫이었다. 지금 생각하면, 위계질서 관점에서 보면 선배의 처사는 당연한 건데 그때는 내심 서운했다. 회사 입장에서는 위계질서를 위해 나 보다는 선배를 챙겨줘야 한다고 여겼으리라 생각한다. 내가 더 유능하고 노력도 많이 하는데 선배가 다 칭찬받고 내 인정을 가로채 가는 것 같아 불만이었다. 결정적으로 해외 출장은 모두 선배 차지였다. 전 회사에서 출장에 대한 안 좋은 기억이 있기는 했지만, 연달아 출장에 제외되자 서운함이 생겼다. 선배에 대한 질투는 커졌고 이 팀에서는 선배가 있는 한 나는 성장 할 수 없겠다는 생각을 하게 되었다. 입사한 지 2년쯤 되었을 때 사장에게 말했다.

"저 영업이 해보고 싶습니다. 제약 영업경험도 있으니 제약회사를 상대로 잘 할 자신 있습니다."

당찬 의지에 긍정적으로 봐줬지만, 당장 일 할 수 있는 자리가 없었다. 해외사업부에서는 아무리 노력해도 인정받을 수 없다고 판단이 되었고, 바로바로 성과를 낼 수 있는 영업부에서 일하면 머지않아 성공할 수 있을 거로 생각했다. 회사 상황이 안 되어 당장은 어렵고 언제가 될지 기약이 없었다. 영업부에서 한 명이 나가야 가능한 일처럼 보였다. 그 뒤로 5분도 안 걸리는 출근길이 멀게만 느껴졌다.

나쁘지 않은 일이었다. 집에서 문을 나서며 휴대폰에 노래 틀면 한 곡이 끝나기도 전에 회사에 도착했다. 전 직장들에서 이미 경험한 영업과 해외업체들 중간 조율 업무는 나의 전문성을 발휘하기에 좋았다. 문제는 더 인정받고 성장하고 싶었던 욕심에 있었다. 회사에서 인정받던 선배는 내가 퇴사할 즈음 대기업으로 이직했다.

부서에서 내가 들인 노력에 비해 인정받지 못하고 있다는 생각이 들었다. 대안으로 생각했던 영업부는 당장 불가했다. 실망에 실망하고 사직서를 제출하게 되었다. 선배가 그만둘지 알았다면 조금 더 참았을 텐데 하는 아쉬움이 남는다. 내가 후배 사원에게 인수인계하는 사이에 선배는 대기업으로 이직을 했다. 진작 알았더라면 사표를 내지 않고 회사에 남았을 것이다. 더 주도적으로 업무를 진행했을 것이다. 팀장급으로 성장했을 것이며 해외 출장의 우선순위는 1순위였을 것이다. 나아가서 영업과도 긴밀하게 협업하거나 직접 영업도 할 수도 있었을 것이다. 규모가 작은 회사인 만큼 많은 기회가 주어졌을 것이다.

장로님이 경영하는 식품원료회사

종교적인 의미와 직업적 성취! 두 마리 토끼를 잡을 수 있을까?

모태신앙으로 자랐지만, 부모님으로부터 독립한 이후 줄곧 선데이 크리스천으로 지냈다. 매주 일요일 어머니에게 전화가 오면 교회는 로봇처럼 다녀왔다고 대답했다. 신에 존재에 대해 크게 신경 쓰지 않고 20대를 보냈다. 종교에서 권유하는 윤리적 금욕적인 삶은 잘 이해 가지 않았다. 피 끓는 20대로서 쉽지도 않았다. 어릴 적 엄격한 윤리의식에서 다소 벗어나 자유로운 삶을 만끽하고 있었다. 그러다 부모님의 계책에 의해 종교 프로그램에 다녀왔다. 100만 원을 준다는 조건이었다. 그곳에서 신에 존재에 대해서는 확신을 하게 되었다. 이후 교회에 호기심을 가지고 나갔다. 교회 설교에 더 귀를 기울였다. 더 확실히 알고 싶었다. 신이 존재한다면 난 어떻게 살아야 하는가. 자연스럽게 교회 일도 하나둘 맞게 되었고 열심 당원이 되었다.

전 회사에서 퇴사할 때쯤 교회에서 장로님을 소개받았다. BAM(Business As

Mission: 사업을 선교처럼)의 가치관을 가지고 회사를 운영하시는 분이었다. 사직서를 제출해놓은 상태였지만 다음 일자리가 아직 정해진 게 아니니 천천히 더 생각해 보라는 권유를 받는 상황이었다. 선한 일을 하시는 분이라고 생각이 되었고, 내가 하는 일이 곧 선한 일이라면 명분이 되어 더 좋을 거라 생각되었다. 면접을 보러 회사에 갔다. 사장님 방 벽에는 후원하는 아프리카 어린이 사진으로 가득 차 있었다. 면접 볼 때 사장이 말했다.

"우리는 좋은 일을 하기 위해 돈을 벌어야 해!"

나의 성장을 위해 열심히 사는 게 사회적으로나 종교적으로도 좋은 일이 된다고 생각하니 이상적인 일이 될 거라는 생각이 들었다. 종교적 사명 가지고 사업하는 사람이니 모든 면에서 다를 것으로 생각했다. 실상은 좀 달랐다. 하루하루 지나면서 좀 이상하다는 생각이 들었다. 성격이 예민한지 화를 잘 냈다. 매출에만 열을 올렸다. 일반 회사랑 다를 게 없었다. 교회 다니는 사람이라고 보기에는 직원들에게 함부로 대했다. 직원 중에 서운해하는 사람이 있으면 사과하기보다는 합리화하기에 바빴다. 종교가 없는 사람이 운영하는 회사보다 나은 게 하나도 없었다. 벽에 걸린 아이들 사진은 사장님의 취미 정도의 의미가 아닌가 싶다.

오래가지 못했다. 한 달도 못 되어 사직서를 제출했다. 교회에서 소개받아 온 것도 그렇고 너무 짧게 그만두게 되어 미안한 마음이 있었다. 죄책감을 씻으려 3주간 일한 임금은 받지 않겠다고 했다. 그건 옳지 않다며 기어이 통장에 잘 계산하여 입금되었다. 그동안 회사를 여러 번 옮겨서 이미 약점이 되었다. 정말 더는 회사를 옮기고 싶지 않았다. 면접 때 제시해서 해준 것처럼 여기서 성장해서 10년 15년 뒤에는 내 회사를 운영해보고 싶었는데 한 달도 못 버텼다.

종교적으로도 혼란이 왔다. 신은 있다고 생각했지만 신을 믿는 사람은 믿지 않는 사람과 다를 게 없었다. 나도 믿는 사람으로 조금씩 선한 쪽으로 변하고 있다고 생각했지만, 그 변함의 끝은 어디인지 알 수 없었다.

회사를 떠나면서 사장에게 질문했다.

"사장님, 저는 일은 하면서 왜 이 일을 하는 건지 궁극적인 이유가 궁금합니다."

"음, 자네는 숟가락으로 밥 한 술 떠 놓고 이 밥을 왜 먹어야 하는지 이유를 생각하나? 너무 이유를 생각하다 보면 결국 아무것도 하지 못하게 될 걸세."

60대 중반으로 사회적으로 성공한 분이니 속 시원한 대답을 들을 거로 기대했었다. 말을 돌려서 했을 뿐 결국 모른다는 말로 이해가 된다.

전 직장에서 알고 지내던 형의 소개로 제약도매회사에 면접을 보았다. 사장나이가 70대쯤 되어 보였다. 역시 이번 사장님도 길지 않은 시간에 이력이 많아 걱정하는 눈치였다. 그래도 당장 일을 시작할 수 있으니 채용을 하려고 했다. 사장과 협상을 시작했다. 연봉을 더 달라고 직접 말했다. 이력이 있으니 경력을 인정해 달라고 요청했다. 사장님은 정확하게 같은 업무의 경력은 없으니 하나도 인정해 줄 수 없다고 했다. 끝내 요구를 들어주지 않았다. 나에게 생각해 보고 일할 마음 있으면 연락하라고 말했다. 면접을 마치고 돌아오는 길 소개해준 형에게 얘기했다.

"소개해준 건 고마운데 보수가 적어서 못하겠어요. 죄송합니다."

32살의 나이에 사회와 단절되었다. 회사생활 말고는 무엇을 할 수 있는지 알지 못했다. 남들은 다 그냥 잘살고 있는 것처럼 보였다. 처음엔 나보다 연봉 낮은 회사에 입사했던 친구는 한 직장에만 다니면서 자리를 잡아갔다. 첫 직장에 다니던 동기들은 높은 연봉을 받으며 잘 지내고 있었다. 사촌들은 대부분 대기업 아니면 연봉이 높은 금융권에 다녔다. 나는 루저였다. 회사생활에서는 이미 틀렸다는 생각이 들었다. 남들보다는 또는 남들만큼은 잘살고 싶었다. 그렇게 열정으로 때로는 욕심대로 이리저리 옮겨 다녔지만, 결과적으로 사회 부적응자가 되었다. 세상에 나보다 끈기없고 사회에 적응 못 하는 사람은 없는 것처럼 느껴졌다. 주변 사람들을 만날 용기가 없었다. 친한 친구를 만나도 자신이 없고 주눅이 들었다.

방법을 생각했지만 떠오르는 게 없었다. 주변에 회사생활 이외에 다른 일을 하는 사람이 없었다. 개인사업을 하는 친구들이 있긴 했지만, 밑천이 없었다. 어디서부터 어떻게 해야 할지도 몰랐다. 6개월간 집에서 쉬면서 이것저것 시도해보기도 했다. 월세와 기본적인 생활비를 위해 한 달에 10일 정도는 알바를 했다. 신문사에서 주관하는 연비대회, 재향군인회 연말 행사, 백화점 오픈행사 등에 진행요원으로 하루 6만원 내외를 받았다. 돈과 별도로 종종 행사에 오는 연예인들을 보는 재미가 쏠쏠했다. 틈틈이 개인사업 구상도 했다. 해외에서 좋은 제품을 수입해서 국내에 파는 일을 해보고 싶었다. 인도의 한 화장품 회사에 연락하여 가격을 받고 샘플까지 받아냈다. 이제 사업 타당성만 판단해서 시작하면 되는 것이다. 샘플을 주변사람들에게 주면서 써보라고 했다. 반응이 아리송했다. 일단 인도라는 나라 이미지가 좋지 않았다. 몸에 바르는 화장품에 더 깨끗한 이미지를 기대하고 있었다. 제품에는 최소구매 수량이 있었는데 2000만 원 정도는 되었다. 당시에는 그 돈이 없었다. 샘플 반응도 확실치 않아 빚을 지고 투자하기에는 무리가 있다고 생각되어 더는 진행하지 않았다.

더는 할 것이 없다고 생각했다. 회사생활은 나름 해볼 만큼 다 해봤다고 생각했다. 다른 회사를 들어가도 크게 다르지 않을 것 같았다. 사업은 위험부담이 컸다. 모아놓은 돈도 없었기에 주변인까지 힘들게 할지도 모르는 불안감이 컸다. 내 인생은 이미 실패했다고 생각했다. 성공이라는 게임에서 너무 뒤처져 있었다. 모두 내 앞에 있다고 느껴졌다.

　한 달도 채우지 못한 마지막 회사는 내 사회생활을 함축해서 보여 준듯하다. 성공이라는 개인적인 욕심과 종교적인 선을 함께 이룰 수 있다고 믿었다. 종교 인이라면 뭔가는 다를 거라는 막연한 믿음도 있었다. 나도 당시에는 기독교에 심취해 있었으니 좀 다를 것으로 생각했었다. 다를 게 없었다. 따지고 보면 예수가 십자가에 매달렸을 때 구원받은 강도는 법적으로는 극악무도 죄인일 뿐 이었다. 나 역시 다른 척은 할 수 있었지만, 결정적인 순간에는 전혀 다른 바 없 었다. 이렇게 사회적으로 종교적으로 혼란스러운 시기를 보내고 있었다.

기독교를 넘어서
나는 어디서 와서 어디로 가는가?

모태신앙으로 태어나 선데이크리스천으로 자랐다. 어릴 적, 아버지는 교회 유년부 부장으로 설교를 하셨다. 아버지가 교회에서 설교해서 그런지 교회 친구나 형 누나들까지 나를 모르는 사람이 없었다. 덩달아 무서울 게 없었다. 성경 이야기에 관심도 많았다. 부모님이 삶에서 신앙이 우선시 되다 보니 자연스럽게 그렇게 되었는지도 모르겠다. 성경퀴즈 시간에는 내 세상이었다. 자신 있게 대답하고 발표했다. 상품은 당연히 내차지었다. 많은 성경 이야기에서 궁금증이 있어서 전도사에게 질문한 적이 있었다.

"전도사님, 왜 하나님은 아담과 하와가 선악과를 따먹을 수밖에 없게 만드셨어요?"

"응, 성경에 나오는 이야기는 하나님의 이야기이기 때문에 인간의 논리로는 설명할 수 없는 게 많단다. 더 큰 믿음을 갖게 해달라고 하나님께 기도하렴"

더 질문하면 믿음이 없는 사람으로 여겨질까 봐 그러지 못했다.

중학교 때 수원에 있는 흰돌산 기도원이라는 곳으로 여름 수련회를 갔다. 쉰 목소리를 내면서 열변하는 목사가 있었는데 열정이 대단했다. 하루에 7시간 넘게 쉬지 않고 설교하기도 했다. 넓은 기도원 건물에는 목사님의 설교를 듣기 위해 전국에서 몰려온 2000여 명이 있었다. 사람 수보다 기도원은 좁았다. 의자가 따로 없이 바닥에 앉았는데 좁아서 거의 무릎을 꿇고 있어야 했다. 장시간 그러고 있으려니 무릎이 너무 아팠다. 설교도 좋았지만, 시설이 너무하다 싶었다. 여러 날 동안 장시간 설교를 들어서 그런지 집회장에 있던 대부분 학생은 변화를 받았다. 목사의 설교에 집중했고 찬양을 크게 불렀다. 큰소리로 기도했고 심지어 방언 기도도 했다. 나도 방언으로 기도하기 시작했다. 너무 신기했다. 마치 하나님을 체험하고 선택된 사람이 된 것 같았다. 지금 생각하면 말을 큰 소리로 반복해서 빨리하다 보니 그냥 혀가 꼬여서 "아랄랄랄랄"이런 소리가 난 것뿐 아닌가 생각된다. 당시에는 신을 경험하기라도 한 것 같은 놀라운 체험이었다. 선택받은 내가 좋아서 늦은 밤까지 방언으로 기도했었다.

"아랄랄랄랄."

집에 돌아와 아들의 변화된 모습을 보고 부모님은 기뻐했다. 잔소리 따로 안 해도 교회에 잘 나가고 열심을 부리니 대견해 했다. 방학 내내 소위 말하는 "은혜"의 시간을 보냈다. 하지만 학교에 돌아가면 다시 세상의 삶으로 돌아갔다. 진리를 가르친다고 여겼던 학교에서는 창조론이 아닌 진화론을 가르쳤다. 은혜로운 삶은 주도적이지 못하고 신에게 삶을 의존하는 나약한 삶으로 보였다. 친구들 앞에서 나약한 사람으로 보이기 싫었다. 이도 저도 선택하지 못하고 교회와 세상의 삶에서 양다리 삶을 살았다. 방학이 되면 수련회 다녀와 변화를 받고 개학하면 양다리 삶으로 돌아가는 패턴을 반복했다.

부모님으로부터 독립한 이후부터는 교회에 큰 관심이 없었다. 해야 할 규율이 많은 종교보다는 주어진 자유를 누리는 데 여념이 없었다. 먼저 술과 담배를 배웠다. 남자라면 꼭 해야 할 것 같았다. 교회에서는 하지 말라고 한 짓들이었지만 죄책감도 점점 느끼지 못했다. 그렇게 신나게 10여 년을 살았다. 대학 군대, 편입 그리고 사회생활을 거치면서 교회는 잊혀 갔고 부모님이 의례 하시는 잔소리 정도로만 여기고 있었다.

여자에 관심이 많았다. 30살 회사 선배의 권유로 클럽이라는 곳에 가보게 되었다. 신나는 음악과 춤 그리고 많은 여자들이 있었다. 교회보다는 클럽이 더 천국 같았다. 클럽이라는 곳은 30살 나처럼 나이 많고 찌질 한 사람은 오면 안 되는 곳인 줄 알았다. 선배에게 나에게 어울리지 않는 곳이라고 사양했지만, 반강제로 끌려갔었다. 의외로 다양한 사람이 많았다. 그 속에 나는 별로 어색해 보이지 않았다. 술에 취해 음악에 몸을 맡겼다. 그러다 보면 어느새 옆에 처음 보는 여자와 같이 춤을 추고 있었다. 그렇게 같이 춤추고 술 마시고 하룻밤 사랑에 빠지기도 했다. 답답하기만 사회생활을 하다 보니 술, 담배 그리고 여자는 훌륭한 탈출구가 되어줬다. 주말이 지나면 선배들과 옥상에서 담배를 피우며 여자 자랑하기에 바빴다.

"제가 지난주 토요일에 클럽에서 예쁜 여자를 만났습니다."

"야 너 참 부럽다. 젊은 게 좋은 거야. 놀 수 있을 때 즐거야지."

만족이 없었다. 더 자랑하고 싶었다. 욕구도 더 커지는 것처럼 느껴졌다. 열심히 클럽을 다녔다. 주중에는 열심히 일하고 주말에 신나게 잘 놀았다. 회사 사람들은 열심히 일하고 잘 노니 건강하고 열정적이라고 좋게 봐주었다.

어느 날, 술병이 걸렸다. 속이 쓰리고 소화가 잘 되지 않았다. 그렇게 잠이 들었는데 다음날 아침 죽을듯한 고통이 왔다. 배가 너무 아파 공벌레 처럼 몸을 웅크린 채 가만히 있었다.

'왜 이러지? 119를 불러야 하나?'

가까스로 정신을 차려 차 시동을 걸었다. 고통이 심해서 허리를 잘 펴지도 못한 채 운전을 했다. 5분 거리 근처 병원 응급실로 가는데 식은땀이 나고 있었다. 이대로 죽을 수도 있겠다는 생각이 들었다. 어렵사리 응급실에 도착해서 마주친 간호사에게 도움을 청했다.

"배가 너무 아파요. 저 좀 살려주세요."

"네. 원무과 가서 접수하고 오세요."

배가 아파 죽을 것 같은데 응급실에서 하는 말에 기가 막혔다. 텔레비전에서처럼 환자가 응급실에 들어오면 의사 간호사가 우르르 몰려들어 침대에 눕히고 응급처치를 해줄 줄로 기대했지만, 현실은 그렇지 않았다. 의사와 간호사는 텔레비전에서 모습과 다르게 아주 차분했다. 아픈 배를 부여잡고 절차를 마치고 치료를 받았다. 과음에 의한 장염이라고 했다. 나을 때까지 절대 술을 먹지 말라고 했다. 그 말을 안 들었다. 젊고 건강하니까 상관없을 거로 생각했다. 실제로 약을 먹으니 증상은 금방 호전되었다. 주말에 또 술을 마셨고, 다음날 배가 아팠다. 바로 병원에 가서 처방받고 주사 맞았다. 이제 의사 말을 듣기 시작했다. 이번엔 술을 안 먹었다. 약을 다 먹고 증상이 좋아져서 안도했다. 그런데 며칠 지나니 또 증상이 시작됐다. 약을 더 오랜 기간 처방해달라고도 하고 다른 약으로 바꾸기도 했다. 그러나 이런 현상은 계속되었다. 큰 병이 될까 봐 걱정도 되었지만, 무엇보다 술을 못 마시고 클럽에서 여자를 못 만나는 게 아쉬웠다. 술 없이 여자를 만날 방법을 찾아야 했다. 그렇게 다시 교회에 다니게 되었다.

교회에서 정말 예쁜 여자를 보았다. 그 여자에게 잘 보이고 싶었다. 어느 집단이든 집단에서 우월한 남자가 미인을 차지할 수 있을 거라는 생각을 했다.

교회에서 우월하려면 신앙심이 있어야 한다고 생각했다. 열심히 다녔다. 그러다 보니 정말 신앙심이 생기는 것 같았다. 부모님의 계책으로 종교프로그램에 다녀온 후에는 정말 믿었다. 십일조와 감사헌금뿐만 아니라 선교헌금, 탈북자돕기 기금도 했다. 다음 해 건축 헌금을 하려고 연금을 해약해 천만 원을 기부했다. 돈이 아깝다는 생각보다는 소중하다고 여겨왔던 돈에 대한 집착을 없애준 하나님께 감사한 마음이 더 컸다. 길에 거지가 보이면 지갑에 있는 돈을 다 꺼내서 주었다. 그리고 일부러 지갑에 오만 원 이상 현금을 가지고 다니려고 했다. 월급날이 되면 사무실로 찾아오는 할머니도 있었다. 매번 나는 지갑에 있던 3~5만 원 정도를 드려왔다. 후에 들은 이야기로는 퇴직 후 아무도 할머니께 돈을 드리지 않아 화를 내며 가셨다고 한다. 매일 새벽에 교회에 가서 말씀 듣고 기도했다. 나의 신앙 성장과 직장에 사장님과 직원들의 구원을 위해 눈물의 기도를 했다. 술 담배는 물론이고 금욕생활도 했다. 그렇게 나는 성과 되고 깨끗해지고 있다고 생각했다. 가족과 주변 사람들은 변화된 모습에 또 나를 변화시킨 하나님께 감사드렸다. 긍정적이고 변화된 삶을 느끼고 있었다. 매일 인터넷으로 수 편의 설교를 들으며 복음을 더 알고 싶어 했다.

은혜란 자격 없는 자에게 값없이 주어지는 하나님의 선물이다. 신앙생활을 한답시고, 하나님의 은혜에 감사하다는 핑계로 알게 모르게 자격을 쌓고 있었다. 좋은 일을 하는 게 신앙생활의 일부라고 생각했었다. 그럴수록 나에게는 자격이 생기고 주어지는 은혜가 당연시되었다. 열심히 신앙생활 할수록 받아야 할 상급도 커지고 있었다. 마치 거래하듯 말이다.

그렇다고 막살아야 한다는 말이 아니다. 우리는 어차피 막살 수가 없다. 아니 누구나 막살고 있다. 주어진 환경과 조건 안에서 스스로 가장 유리한 선택만 하고 있다. 돈과 명예, 욕구뿐만 아니라 때로는 신앙과 보람이라는 보상을 탐하여 사는 것이다. 윤리적으로 살고 이웃을 돕는 것은 신앙 문제라기보다는 더불어 사는 사람들이 잘 지내기 위한 최적화된 규칙 정도로 생각하면 적당하다.

성경에서 말하는 착한 일 좋은 일이란 하나님이 봤을 때 좋은 일이다. 사랑하는 애인이 나에게 해줄 수 있는 착한 일은 나만을 사랑하는 것이다. 다른 남자에게 호의를 베푸는 건 도덕적으로 착할지는 모르나 나에게는 반대가 될 수 있다. 법, 윤리, 도덕, 양심은 더불어 살기 위한 시스템에 불과하다. 문화나 시대에 따라 차이가 있기는 하지만 어떤 종교든 반사회적으로 살라고 가르치지는 않는다. 하나님이 좋아하는 일은 하나님을 아는 것이다. 무한한 존재인 하나님을 인정하고 유한한 나를 인정하는 것. 전지전능한 신이 인간을 창조하면서 선악과를 만든 이유도 마찬가지라고 본다. 선악과를 따먹지 말고 착한 인간이 되어라가 아니라 '나는 선악과를 보면 따먹을 수밖에 없는 제한된 존재입니다. 그래서 무한한 신의 은혜가 필요합니다.'라는 신앙고백을 원했을 것이다. 그리고 삶의 여정 속에서 반복적으로 하나님의 섭리를 경험하고 조금씩 이해하는 게 될 것이다. 무한한 하나님을 유한한 인간이 완벽하게 안다는 것은 애초에 가능한 말이 아니다. 신이 허락한 만큼만 가능할 뿐이다. 삶의 모습 하고는 상관이 없을 수 있다. 도덕적으로 양심적으로 심지어는 법적으로 봤을 때도 아니다 싶을 수도 있다. 그런 우리의 모습이 중요한 게 아니라 앞서 말한 신이 진정으로 좋아하는 착한 일을 하느냐가 핵심이다.

도덕적으로 윤리적으로 착하게 살아야 삶이 긍정적이게 되고 행복해지기 쉽다. 법을 지켜야 교도소에 안 간다. 다만, 착하게 살아야 구원을 받는다는 또는 구원받은 사람은 착하게 살아야 한다는 신앙 관념에서 벗어나기를 바란다. 구원은 하나님의 전적인 은혜로 이루어지는 것이지 인간의 행위에서 비롯되는 것이 아니다.

자유주의 선언

다른 말로는 사회부적응자

한국에서 더는 희망이 없었다. 직장생활에서 이상을 찾기 어려웠다. 내가 적응할 수 있는 직장은 없었다. 나를 오라고 하는 직장도 보면 뻔했다. 적어도 경험했던 곳들보다는 나은 직장을 원했다. 당장 사업을 시작하기에도 막막했다. 주변에 사업 이야기를 해보면 대답은 비슷했다.

"사업은 아무나 하니? 그것도 돈 있고 경험도 있어야지. 아무것도 모르는 사람이 덜컥 시작하면 그나마 모은 돈 날리고 주변 사람 힘들게 하는 거야."

맞는 말이었다. 만약에 다른 누군가가 갑자기 사업을 시작한다고 했다면 나역시 비슷한 말을 해주었을 것이다. 사업은 준비되어있거나 금수저 정도는 되어야 시작할 수 있는 것 정도로 여겨지고 있었다.

아르바이트만 하고 살기에도 한계가 있었다. 아르바이트 생활은 재미가 있긴 했다. 매번 업무와 장소가 바뀌다 보니 새로운 사람을 만날 기회가 많았다.

사람들과 얘기하며 큰 책임감 없이 설렁설렁 일하면서 용돈도 번다고 생각하면 만족스러웠다. 매일 일하는 것도 아니고 쉬고 싶으면 쉬고 싶은 만큼 쉬면 됐다. 대신 돈을 적게 벌어갈 뿐. 이런 일을 전업으로 하는 사람도 꽤 있었다. 여러 이벤트 회사와 연결되어 쉬는 날 없이 일하는 사람들이다. 전업으로 하다 보니 스트레스를 더 받는 것처럼 보였다. 한 푼이라도 더 벌려고 평일은 물론 주말에도 현장에 있었다. 일정관리는 스스로 알아서 하는 것이긴 하지만 일하는 만큼 돈을 벌기 때문에 몸이 아파도 참고 일하는 사람도 있었다. 업무 자체는 난이도가 높지 않았다. 소속된 회사도 없으니 해고도 없었다. 다만 스스로 일에만 매진되어 채찍질하고 있었다. 그분들을 보면서 아무리 편한 일도 욕심을 가지고 일하면 힘든 회사에서 일하는 것만큼 스트레스받을 수 있다는 생각이 들었다. 오래 할 수 있는 일은 아니라는 생각이 들었다.

한 달 평균 10일 내외로 일했다. 딱 용돈 벌이 정도였다. 나머지 시간에는 생각을 많이 했다. 앞으로 나는 무엇을 하며 어떻게 살아야 하는지 고민하지 않을 수 없었다. 종교적으로도 혼란스러웠다. 방 밖으로 나가는 것조차 부담스러웠다. 같이 사는 누나와는 종교와 경력문제로 이미 논쟁을 몇 번 치른 상태였다.

얼마 전까지만 해도 성실한 직장인이었다. 새벽기도회까지 나가면서 신앙생활에 열심을 부렸다. 토요일 아침에는 노숙자에게 음식을 제공하는 봉사활동을 했다. 길에 있는 거지나 어려운 사람을 모르는 척하지 않았다. 삶이 뿌듯하고 존재의 가치가 느껴졌다. 퇴사 후, 아르바이트생이 되었다. 교회는 더는 가지 않았고, 갈 곳을 잃었다. 아무도 나를 이해해 주지 못했다. 부모님도 누나도 나를 이해하기에는 내가 너무 멀리 와버렸다. 타협하지 않았기에 자유를 얻었다. 자유로 나는 알바생이 되었고 이단자가 되었다.

절실한 기독교 집안에서 버티기는 어려웠다. 32살의 나이로 알바생활을 계속할 수도 없었다. 자유로웠지만 할 수 있는 게 없었다. 내 자유는 매우 제한되어 있었다.

자유로웠지만 혼자였다. 나를 받아주는 곳이 없었고 가고 싶은 곳도 없었다. 말이 통하는 사람도 없었다. 외롭고 심심했다. 유식한 말로는 공허했다.

도피차 제주도에 갔다. 숙소에 누워서 가만히 생각해봤다. 나는 그동안 무엇을 위해 열심을 부리며 치열하게 살아왔는지 떠올려 보았다. 세상의 성공과 죽음 이후의 구원이었다. 한 가지 더 있었는데, 공허함 또는 심심함 때문에 열심을 부리지 않았나 하는 생각이 들었다. 무엇이 되었든 되도록 가치가 있다고 생각하는 일을 해야 했다. 그렇지 않으면 내 삶이 가치 없다는 생각이 들었다. 티비를 보다 보면 관심 없는 채널을 의미 없이 돌릴 때가 많았다. 습관처럼 반복되었고 그렇게 버려지는 시간이 아까웠다. 같이 살던 누나도 공감하여 집에 있던 티비를 버렸다. 성공과 구원을 위해 좀 더 의미 있는 일을 하고 싶었다.

깨달은 바로는 구원은 나의 열성과 노력과 관계가 없었다. 전적으로 신이 일방적으로 주어지는 것이었다. 처음 드는 생각은 '아무것도 안 해도 되겠네?'였다. 제주도 어느 게스트 하우스 아무도 나를 신경 쓰지 않는 침대에 누워 가만히 있어 봤다. 생각도 않으려고 해봤다. 생각은 끊임없이 머릿속으로 들어왔고 컨트롤 할 수 없었다. 구원은 노력과 상관이 없었고 성공은 물 건너간 것으로 생각되었다. 그러면 세상서 없어지는 게 나을 거라는 생각을 했다. '세상 귀찮게 뭐 하러 사나 어차피 금수저 정해져 있고 구원받을 사람 정해진 건데' 어느덧 죽느냐 사느냐 그것이 문제였다. 이미 열등하고 죽어서 구원도 노력과 상관없으니 사는 게 의미가 없다고 생각했다. 죽어야겠다고 생각이 들었다. 높은 곳에서 뛰어내릴지 약을 먹을지 칼로 자해를 할지 생각을 해보았다. 맘에 드는 방법은 없었다. 죽어서 어떻게 될지도 확신이 없었다. 만에 하나 지옥이 있고 내가 지옥으로 가게 된다면 최대한 천천히 가야 하지 않겠는가? 죽을 때 느껴야 할 고통도 부담되었다. 쉽게 말하면 무서웠다. 경험해 보지 않은 죽음은 다른 여타의 경험들처럼 무섭게 느껴졌다. 죽음은 돌이킬 수도 없지 않은가. 아주 겁쟁이의 모습이었지만 살아야겠다고 결론을 내렸다. 그럼 어떻게 살아야 하는가. 제주도 같이 비교할 사람이 없는 곳에서 생계를 위해 적당히 일하면서 사색이나 하면서 살면 좋겠다는 생각이 들었다. 종교의 자유가 있고, 우열의 비교가 없는 환경에 나를 놓고 싶었다. 해외로 가면 좋을 것 같았다. 아직 만 나이로 30살이어서 빨리 진행하면 호주 워킹홀리데이 비자를 받을 수 있었다.

비밀리에 호주로 워킹홀리데이 준비를 했다. 혹시라도 정보가 누설되면 부모님이 잡으러 올 것 같았다. 혼자서 첩보영화라도 찍는 듯 진지하게 진행했다. 몰래 비자를 받고 편도 항공권을 샀다. 보험을 모두 해지해 해약금을 챙겼다. 모든 준비가 되었고 떠나는 날, 자는 척을 하며 누나가 출근하기를 기다렸다. 부스럭부스럭 출근준비를 마치고 현관을 나가는 소리가 들렸다. 심장 펌프질이 빨라졌다. 시간이 없었다. 12시까지 공항에 가야 했다. 크지 않은 가방에 필요한 짐을 넣기 시작했다. 정말 필요한 것만 말이다. 왜 그렇게 긴장이 되었는지 모르겠다. 죄를 지어서 수배가 내려진 것도 아닌데 도피하는 죄인의 마음이 이럴까 하는 생각이 들었다. 공항 가는 열차에 몸을 싣고야 문자로 누나에게 알렸다.

"나 오늘 호주가. 잘 지내."

떠나는 날, 유난히 많은 눈이 내렸다. 호주는 춥지 않기 때문에 두꺼운 옷을 입지 않았다. 기온을 보니 영하 13를 가리키고 있었다. 옷이 얇아서 그랬는지 기분 탓인지 체감온도 사상 최저기온으로 느껴졌다. 공항에 도착하고 얼었던 마음이 서서히 녹아내렸다. 눈물이 났다. 가족과는 종교적인 이유로 높은 장벽이 생겼다. 열등감에 상처가 되어 친구들과도 멀어졌다. 혼자만의 상상에 갇혀 그렇게 생각했는지도 모르겠다. 한국에는 절대 갈데없고 기댈 곳이 없었다. 다시는 한국에 오지 않을 것 같았다. 그렇게 한국과 이별을 했다.

남들이 보기에 부러워할 만큼은 아닐지 몰라도 나름 열심히 살았다고 생각했다. 최전방에서 군 생활을 하고 뉴질랜드에서 험한 농장일도 해보면서 나름 고생도 했다고 생각했다. 학사경고와 같은 수준의 성적이었지만 노력해서 장학생이 되기도 했다. 도전하고 노력해서 편입에 성공했고 거기에서도 복수전공뿐만 아니라 장학금도 받았다. 학기 중에 취업에 성공해서 번듯한 직장인이 되었다. 더 나은 삶을 위해 이상을 좇아 더 채찍질하고 더 노력했다. 정처 없는 덧없는 인생 의미를 깨닫기 위해 신에 대해 알고자 했다. 누구보다 열심히 진심으로 했다. 그런데 결과는 참담했다. 사회 부적응자에 종교적으로는 이단아가 되었다.

생각해 보면 잘못된 것이 하나도 없다. 상향욕구나 나만의 생각이 강해서 타협하지 못하고 직장을 옮겨 다녔을 뿐이다. 그런데도 자리를 지키는 사람은 비겁하다고 생각했다. 하지만 그 비겁한 직장인들은 비겁하지 않은 내게 지나치게 용감하다고 지적했다. 직장 세계에서는 그들이 다수이다. 옳고 그른 게 있는 것 같지 않았다. 다수가 옳을 뿐이다. 그들의 논리로 보면 나는 틀린 것이다. 잘못되었다기보다는 다수의 의견에 동의하지 못한 것이다. 종교도 마찬가지였다. 신실한 종교인들을 보면 자기 자신만을 위한 신앙생활인데 잘 포장해 하나님을 위하고 이웃을 위한 거라고 착각하고 있는 것처럼 보였다. 그리고 다수의 의견에 동의하지 못하는 나를 비난했다. 그렇지 않으면 그들이 나로 인해 비난받는 것처럼 느꼈을 거라 생각된다.

제3장
한국 탈출기

낯선 이국땅

호주에서 과연 무엇을 할 수 있을까?

요란한 굉음과 함께 비행기가 활주로를 떴다. 돌아오는 항공편 없이 도망치
듯 떠났다. 목적지에는 아는 사람이 없었다. 들어갈 만한 직장도 없었다. 자신
을 비교하고 억압하는 환경이었던 한국 땅을 떠나는 것이 오직 목표였다. 만
하루 넘는 시간을 여행했다. 말레이시아 쿠알라룸푸르를 거쳐 자유의 땅 시드니
에 도착했다. 잘 왔다고 환영하는 듯 날씨가 화창했다. 하루 전만 해도 영하 13
도의 싸늘한 한국 땅에 있었다. 남반구에 있는 시드니는 한여름이었다. 이제
절대 춥지 않았다. 공항에서 숙소를 어떻게 할지 고민했다. 대충 게스트하우스
에서 묶으면 되겠다고 짐작은 했지만, 따로 예약하거나 봐둔 곳은 없었다. 공
항버스를 운행하는 기사 아저씨에게 아무 데나 게스트하우스 근처에서 내려
달라고 했다. 10여 년 전 뉴질랜드에서 해외 생활을 해 봐서 그런지 크게 무섭
지는 않았다. 근처에서 제일 저렴한 게스트하우스에 임시로 2일 있기로 하고

짐을 풀었다. 유럽, 남미, 일본 등 여러 나라에서 사람들이 와있었다. 멜팅팟과 같은 다인종 다문화 사회에 다시 던져진 것이다. 한국 사회에서 나를 옥죄었던 사회적 종교적 가치 기준은 더는 없었다.

심카드(Sim Card)를 샀다. 그리고 탐색을 시작했다. 앞으로 일을 하면서 몇 개월 이상은 묵을 수 있는 곳을 찾았다. 시드니 남쪽 차로 30분 거리에 있는 Mort dale이라는 곳에 집을 보러 갔다. 60대 중반으로 보이는 할아버지가 같이 살 룸메이트를 찾고 있었다. 이름이 Eddy였다. 방이 두 개인 아파트였는데 독 방은 주당 200불이었다. 그동안 모아둔 돈 대부분은 헌금하느라 없었고 오기 전 보험을 해약해 비행기 표를 사고 큰 여유가 없었다. 남과 방을 같이 쓰는 게 내키지 않았지만, 돈을 아끼기 위해 주당 140불을 내고 Eddy와 방을 쓰기로 했 다. 며칠 후 옆방에는 일본에서 온 Ryota가 들어왔다. 같은 83년생으로 반갑게 친구를 맺었다. Ryota는 영어를 거의 하지 못했다.

Eddy는 이미 은퇴하고 연금을 받고 있었다. 호주는 복지제도가 잘 되어있어 서 65세가 넘으면 주당 400불의 연금이 나왔다. Eddy는 집주인이 아니었다. 집 살 만큼 젊은 시절 돈을 모으지는 못했다고 했다. 남는 방과 룸메이트를 구해 서 부족한 월세를 충당하고 있다고 했다. Eddy는 매우 깔끔했다. 매일 청소를 했고 집이 지저분해지는 것을 매우 싫어했다. 전에 같이 살았던 지저분했던 중 국인 룸메이트 얘기를 자주 했다.

"I used to live with a Chinese boy for many years before. He was a teenager and I treated him as my son. However, I didn't like him at all because he never thank me for my favor but made the places messy all the time."

룸메이트들에게 호의를 많이 베풀었지만 고마워하지도 않고 본인이 어지럽 힌 것도 제대로 치우지 않았다며 싫어했다. 처음 방 보러 왔을 때는 나보고 담배를 피우냐고 물어봤다. 끊은 지 몇 달 됐다고 하니 같이 살 수 없다고 딱 잘라서 말했다. 담배를 끊은 사람은 술을 마시거나 술을 마시게 되면 다시 담배를 피우기 때문이라고 했다. 강박증이 있는 게 아닌가 싶어서 다른 집을 알아보려고 했다. 조금 생각해 보니 예민해서 피곤해도 말을 많이 하다 보면 영어에 도움이 될 것 같아 버텼다. 결국, 각서를 쓰고서야 룸메이트로서 합격 아닌 합격이 되었다. 한주 치 보증금을 걸어놓고 담배를 피우거나 밖에서라도 피우고 집에 들어오면 경고 없이 보증금도 돌려받지 못하고 쫓겨난다는 조건이었다. Eddy는 담배 냄새에 매우 민감했다. 만약에 내가 담배를 밖에서 피우고 들어와도 옷장을 같이 쓰기 때문에 옷에 밴 냄새가 자기 옷에 옮길까 걱정하고 있었다. 덕분에 지내는 3달간 담배를 입에도 안 댔다.

Eddy는 나에게도 다른 룸메이트들에게 그랬던 것처럼 호의를 베풀었다. 시드니에 가볼 만한 곳이나 산책로 등을 친절하게 알려주었다. 영어연습도 잘 할 수 있도록 도와주겠다고 했다. 이력서 만들기도 앞장서서 도와주었다. 필요한 게 있으면 적극적으로 나서서 도와주었다. 옆방에 Ryota에게도 처음에는 친절했다. 영어를 하나도 못했기 때문에 더 도와주려고 했던 것 같다. 도움이 될 만한 책을 빌려주고 물어보면 친절하게 설명해 주었다. Eddy의 친절은 오래가지 않았다. 영어공부가 처음이었던 Ryota는 사전 찾는 게 익숙지 않았다. 말하다 끊기거나 모르는 단어가 나오면 Eddy에게 물어봤다. 이게 반복되면서 Eddy가 인내심을 잃었다. 며칠 지나고 나니 짜증 섞인 말투로 Ryota에게 같은 질문 그만하고 사전을 찾아보라고 소리쳤다.

"Ryota, you can't just ask me when you don't know meaning of the words. You need to use the dictionary."

"Pardon?"

"Please Use Your Dictionary!"

"Ok, ok."

Ryota는 사전을 찾아보라는 Eddy의 말도 못 알아들은 눈치였지만, 분위기를 짐작하고 방으로 들어갔다. 그리고 Eddy는 나에게 불평하기 시작했다. Ryota는 지저분하다고 했다. 습관이 지저분 한 건 이해해도 같이 살 때는 그러면 안 되는 거라고 그랬다. 직접 Ryota에게 Stove 사용 후 세제를 사용해서 기름때를 제거해 달라고 요청했었는지만 알았다고 끄덕일 뿐 다음에 똑같은 일이 반복된다고 했다.

나라고 완벽하겠는가. Eddy의 친구나 다음 룸메이트에게 이런 식으로 회자가 될지도 모른다는 생각이 들었다. 친절하게 호의를 베푸는 Eddy에게 고마웠지만, 마음의 벽이 조금씩 생겨나기 시작했다.

Eddy는 매우 건강했다. 매주 3회 이상 헬스장과 수영장에 갔다. 나도 수영을 좋아했다. 우리는 같이 헬스하고 수영장에 갔다. 수영장에서 Eddy의 벗은 몸을 보고 깜짝 놀랐다. 60대 중반이라고는 믿기지 않을 만큼 탄탄한 몸매를 가지고 있었다. 몸매만 보면 2~30대 몸짱과 비교해도 손색이 없었다. 키도 180이 넘어 같은 나이의 노인에게는 느낄 수 없는 포스가 느껴졌다. 헬스장에서 다시 한번 놀랐다. 젊은 사람도 힘들어서 잘 못 하는 턱걸이를 가볍게 하고 있었다. 10개씩 3세트는 거뜬하게 했다. 하지만 다음부터 헬스장에 같이 가는 일이 없었다. 운동할 때 Eddy에게서는 고약한 냄새가 났다. 운동도 좋았지만, 옆에 있기 힘들어서 피하게 되었다. Eddy는 운동할 때 자신에게 냄새난다는 사실을 모르는 눈치였다. 집에서도 땀을 좀 흘리면 냄새가 났다. 본인은 엄청 깔끔하고 청결하다고 여기고 있는 듯했다. 그러지 않고서는 당당하게 타인의 고약한 체취나 지저분함을 흉볼 수 없었을 것이다.

Eddy는 40여 년 전 아르헨티나에서 이민을 왔다. 그 당시에는 그도 영어 한 마디 못했다고 한다. 나름대로 노력을 많이 했다고 했다. 생존을 위한 노력이었다. 스페인어가 영어와 구조가 비슷해서 동양인보다 배움의 속도가 빠른 것은 사실이다. 지금은 노안이 와서 못하지만, 영어공부를 위해 책을 많이 읽고 말도 많이 했다고 했다. 그런 열심을 부려서 그런지 영어 실력이 잘 늘지 않는 Ryota를 보며 불평을 많이 했다. Eddy가 보기에는 노력하지 않고 수준 이상의 것을 원한다고 생각하는 듯했다.

Eddy는 지금까지 총 100여 개 직업을 거쳐 왔다고 했다. 공장, 농장, 앰뷸런스 등 다양한 분야에서 다양한 일을 경험했다. 지금까지 직장과 아르바이트를 포함해 30여 가지의 직업을 경험한 나는 비할 바 되지 않았다. 한국 사회에 부적응했다며 자책하는 나에게 Eddy 큰 위로가 되어주었다.

Eddy는 중국어를 공부하고 있었다. 백발의 노인이 새로운 언어를 배운다는 게 신선하게 느껴졌다. 내년에 중국에 가서 살기 위해 중국어 공부를 하고 있다고 했다. 주당 400불씩 타는 연금으로 호주에서 생활하기에는 부족하다고 했다. 그 돈으로 물가가 저렴한 중국에서 살면 풍족할 것이라고 여기는 듯했다. 평소에 중국인들에 대해 부정적으로 얘기를 자주 했다. 지저분하고 신뢰가 없다고 했다. 주로 전 룸메이트들을 거론하며 그들의 이기적임에 분개하곤 했다. 그런데 그렇게 싫어하는 중국인들과 중국에서 살기 위해 매일같이 거실 테이블에서 중국어 공부를 했다. 중국어 교육 파일을 틀어놓고 큰소리로 따라 했다. 고등학교 제2외국어로 중국어 맛만 살짝 본 내 관점에서 보면 Eddy의 중국어 실력은 형편없었다. 투자하는 시간과 열정보다 실력이 나아지지 않았다.

Eddy는 본인이 꽤 착하고 관대하다고 생각하고 있었다. 차에 치일 뻔한 어린이를 구한 적이 있고 외국에서 온 룸메이트들에게 호의를 베푸는 것은 본인의 천성이 착하기 때문이라고 주장했다. 나는 인간의 본성은 악하다고 반박했다. 아무것도 영향받지 않은 상태의 영아 행동을 보면 쉽게 알 수 있었다. 아이는 다른 사람이나 상황은 전혀 신경 쓰지 않고 오직 자기만 생각한다. 만약에 그 정신상태의 아이가 성인의 크기에 힘을 가지게 된다면 심각한 범죄를 일으키고 다닐 게 뻔하다. Eddy는 나의 주장에 맞서서 본인은 물에 빠진 사람이 있다면 생각할 틈 없이 본능적으로 물에 뛰어들어 구할 것이라고 했다. 더 얼굴을 붉히며 얘기하기 그래서 그만두었지만 만약에 Eddy가 수영을 아예 할 줄 몰랐다면 그게 본능적으로 될 행동인지 의심해 보았다.

상대방의 입장에 서지 않고는
절대 상대방을 판단하는 오류를 저지르지 말라.
_탈무드

Eddy덕분에 영어연습을 할 수 있어서 좋았다. Eddy의 다양한 경험은 한국 사회생활 경험으로 의기소침해 있던 나에게 큰 위로가 되었다. 종종 함께 산책하고 운동했다. 때로는 인간의 본성을 주제로 논쟁을 벌이기도 했다. 하지만 함께하기엔 마음에 거리감이 생겼다. 처음에는 Eddy와 어떤 대화를 하든 영어 공부가 되니 좋았다. 나중에 주제는 대부분 불평불만이었다. 티비에 정치인이 나오면 또 장황한 불평이 시작되었다. 미국, 중국, 일본, 이스라엘, 유대인 등 아르헨티나와 한국 빼고는 다 비난했다. 매일 습관적으로 말이다. Ryota가 집에 없으면 어김없이 뒷담화를 했다. 영어공부도 좋지만 더는 그와 대화하고 싶지 않았다.

사람은 누구나 생각을 한다. 생각을 제어하는 데는 한계가 있다. 각자의 환경과 경험 또는 습관에 의해 들어오는 생각 중에 의도적이든 습관적이든 특정 생각을 붙잡게 된다. 좋은 생각일 수도 있고 나쁜 생각일 수도 있다. 생각은 자유다. 아무도 간섭할 수 없다. 아무리 강력한 법이라 할지라도 개인이 하는 생각을 알 수도 없고 통제할 수도 없다. 그렇다고 들어오는 생각을 남들에게 다 뱉어서야 되겠는가? 그럴 수 없다. 사람마다 받아들일 수 있는 가치관이 있고 판단 기준이 다를 수 있다. 내 생각이 항상 옳을 수 없다는 얘기다. 더불어 살기 위한 필수 덕목이다. 가려서 말하기.

결국, 나도 이 책을 통해 호주 친구 Eddy 험담을 하는 꼴이 되어버렸다.

씨티잡

호주하면 농장인데, 고생은 하기 싫고

일자리를 구하려고 한인 커뮤니티 사이트에 접속했다. 뉴질랜드에서는 주로 농장이나 한적한 시골에서만 일해 봐서 도시에서 일하고 싶다는 생각이 있었다. 사이트에 보니 의료기기 판매일이 있어서 면접을 보러 갔다. 가게가 따로 있는 게 아니라 쇼핑몰 안 로비에 가판처럼 꾸려놓은 가게였다. 침대 몇 개를 펼쳐놓고 안마 기계들을 시연해 주는 일이었다. 손님이 마음에 들어하면 멘트를 쳐서 고개의 장비를 파는 일이었다. 그럴듯해 보였다. 바로 일을 시작했다. 거구의 백인들이 하나둘 자리를 차지하고 장비 시연을 요청했다. 선배직원들이 하는 것을 잘 관찰했다. 선배는 대부분 한국인이었는데 나보다 열 살은 어려 보였다. 일을 좀 해봤는지 텃세를 부렸다. 안마 잘 해주는 요령과 판매 요령을 설명해 주는데 아주 대단한 정보를 알려주는 양 거들먹거렸다.

"이런 일 처음이시죠? 한국에서는 무슨 일 하셨어요?"

"네, 주로 제약 분야 회사생활 했어요."

"네, 이일은 멘트가 중요해요. 열심히 하면 돈도 많이 벌 수 있어요. 근데 처음부터 너무 돈만 보지 말고 성실하게 해야 해요 알겠죠?

나 역시 꼰대 성향의 고지식한 사람임을 부인할 수 없었다. 선배로서 못할 말을 한 것도 아닌데 어린 친구의 도도한 말에 기분이 좋지 않았다. 어린 선배에게 기분 나쁜 가르침을 받아가며 일하고 싶지 않았다. 호주까지 와서 한국 회사에서 일하듯 직원끼리 스트레스받으며 살고 싶지 않았다. 겨우 그날 끝날 때까지 참고 사장에게 말했다.

"사장님, 저 내일부터 나오지 않겠습니다."

"아니, 왜?"

"오늘 일 잘해봤는데요. 일이 저하고 안 맞는 것 같습니다."

내일부터 안 나오겠다고 말했다. 무책임하게 나가니 오늘 보수는 안 받겠다고 했다. 사장은 아쉬워하며 설득하려 했지만 나는 이내 나와 버렸다. 애초에 처음 3일은 무보수 Trial이긴 했다. 또다시 구직에 나섰다. 인터넷, 지역신문은 물론이고 Eddy와 함께 집 근처 식당에 가서 이력서를 건네기도 했다. 일주일간 아무 데서도 연락이 오지 않았다. 고작 단순한 아르바이트 구하는데도 일이 잘 구해지지 않았다.

시드니 시내에 한국인이 운영하는 기념품 가게가 눈에 띄었다. 시드니에만 10개가 넘는 가게가 운영되고 있었다. 한국인이 운영하는 사업체이지만 뭔가 체계가 잡혀있을 거라는 기대가 있었다. 면접을 보게 되어 사무실에 갔다. 본부장급인 매니저가 반갑게 맞이해 줬다. 매니저는 본인 일에 대한 자부심이 대단했다. 서울 명문대를 나와서 여기서 10년 넘게 일했고 회사를 이렇게 키웠다고 말했다. 나는 한국에서의 사회경험을 이야기해 주었다. 업무적으로 직접적인 관련은 부족하지만, 인상이 좋고 서비스 마인드가 있으니 여기 업무와 잘 맞을 거라고 했다. 며칠 뒤 바로 일을 시작하게 되었다. 주로 앞치마를 두르고 매장을 관리 하는 일을 했다. 흐트러진 물건을 정리하고 물건이 빠지면 채워 넣었다. 진열 패턴도 매일 바꿔줘야 했는데 머리를 써도 매일 다른 패턴으로 바꾼다는 게 쉬운 게 아니었다. 잘 안 팔리는 물건은 예쁘게 포장해서 가격 할인 행사를 했다. 여기에서도 나이가 많은 편이었고 어린 선배들로부터 잔소리를 들었지만, 이 정도가 과하지 않았다. 어린 선배들도 나이 많은 후배 가르치느라 힘들었을 거라고 생각된다. 업무 중에 규칙이 있었다. 아무리 다리가 아파도 앉으면 안 됐다. 앉을 여유가 있으면 계속해서 물건을 돌아보며 각을 잡고 채워 넣고 아니면 진열 패턴이라도 바꾸어야 했다. 손님이 많으면 바빠서 힘들고 없으면 할 일은 없는데 쉴 수도 없어서 힘들었다. 종일 일 하고 나면 다리가 퉁퉁 부어있었다.

잡화점 특성상 여자 손님이 많았다. 특히 나이 어린 여학생들이 우르르 몰려와 한국제품들을 구경하는 경우가 많았다. 남자로서 앞치마 두르고 인형이나 학용품을 정리하고 있기가 처음엔 다소 민망했다. 한 달이 좀 넘어가니 일도 적응이 되고 단골손님과도 친해지게 되었다. 주로 중국계 여학생들이 많이 왔다. 한국과 K-POP에 관심이 많아 한국제품들을 보고 격렬한 반응을 우리나라 가격에 비하면 2~3배는 넘는 고가임에도 사 갔다. 한류의 위대함을 매일 눈으로 확인했다. 개중에 매일 오는 VIP 고객도 있었다. 나중에는 친해져서 한국에 관해서 이야기해주기도 하였는데 가끔 얘기가 길어져 어린 매니저에게 잔소리 듣기도 했다.

여성이 좋아하는 인형진열이나 아기자기한 제품을 다루는 데는 영 소질이 없었다. 간혹 남자아이들이 좋아할 만한 장난감이 좀 있었다. 여직원들은 장난감을 다룰 줄 몰랐지만 나는 그에 비하면 전문가 수준이었다. 자석으로 돌리는 팽이제품이 있었는데 한가한 날에는 가지고 놀 겸해서 가게 안에서 시연을 했다. 요란한 불빛을 내며 돌아가는 팽이를 보고 신기해서 아이들이 몰려온다. 그러면 아이에게 작동 방법을 가르치고 직접 해보도록 한다. 아이가 어느 정도 팽이를 돌리게 되면 옆에 지켜보고 있는 부모에게 영업했다. 이 팽이는 원심력과 자석을 이용한 팽이인데 재미있어서 아이들이 좋아하고 과학적인 원리가 적용되어 교육적으로도 매우 좋다고 설명했다. 우리 매장에서 팽이가 유독 잘 팔렸다.

호주에도 최저임금제도가 있다. 호주는 최저임금이 세계에서 손꼽을 정도로 높은 나라이다. 상점에서 하는 일은 시간당 18불 정도 되었는데 우리 돈으로 약 1만 6천 원 정도 된다. 한국 사장들은 이 제도를 지키지 않았다. 모닝글로리도 처음에는 10불, 한 달 후에 12불을 지급했다. 모든 직원이 부당함을 알고 있었지만, 겉으로 불만을 드러내는 사람은 없었다.

이 사실을 룸메이트 Eddy에게 말해주니 신이 났다. Eddy는 이점에 대해 할 말이 많았다. 호주에 최저임금을 받아주기 위해 Ombudsman 제도가 있는데, 전에 살았던 한국인 룸메이트도 같은 일을 당해 Eddy가 도움을 줬다고 했다. Ombudsman에 신고하기 위해서 우선, 매일 하는 일을 시간과 함께 일기 형식으로 기록하라고 했다. 일을 시작한 시간과 구체적인 업무를 기록하고 Roster(업무시간표)와 함께 제출하면 된다고 했다. Ombudsman은 신고를 접수하면 업체에 연락해 지급하지 않은 최저임금을 소급해서 지급하라고 권고한다고 했다. 만약 업체에서 권고를 따르지 않으면 세무감사 형식의 실사가 이루어진다고 한다. 실사 없이 전화만으로도 돈을 지급하지 않을 업체는 없다고 했다. 최저임금을 챙기지 않는 회사가 세금 문제도 꼼꼼히 챙기지 않았으리라 생각했다.

Eddy 말대로면 3개월 정도 일하고 오백만 원 정도는 추가로 수입이 생기게 되는 것으로 계산이 되었다. 일이 힘들어도 추가로 생길 돈을 생각하며 버텨갔다.

막상 업체를 고발할 때가 되니 쉽지 않았다. 한국 사람으로서 한국 사람을 고발한다는 게 생각처럼 안 되었다. 배신자가 되는 것 같았고 배신자가 되면 너무 수치스러울 것 같았다. 나는 업체를 신고하고 떠나면 그만이었다. 문제는 업체에서 취업비자를 지원받고 있는 매니저들이었다. 그들은 다소 불법적이지만 비자 문제를 도움받고 있었고 영주권을 위해 불합리함을 견디고 있었다. 내가 업체를 고발하게 되면 최악의 경우 그들은 직장을 잃고 영주권 따는데 지장이 생길 수도 있었다.

신고했을 때 그들로부터 받게 될 비난이 두려웠다. 아무런 죄 없는 이들의 뒤통수를 칠 수 없었다. 결국, 그 일기장과 Roster(업무시간표)는 제출하지 못했다. 대부분 나와 다르지 않으리라고 생각한다. 그렇기 때문에 한국 사장들은 아무 문제 없이 한국인 학생들을 고용하고 그들에게 최저임금 이하의 임금을 내는 것이다. 나 역시 불법을 목격했지만, 배신자로 몰리기 싫어서 행동하지 못했다. 배신자라고 손가락질당할 게 두려웠다.

농장을 관리하다

뉴질랜드에서 배운 영어로 농장 슈퍼바이저까지

무언가 새로운 곳으로 가고 싶었다. 잡화점에서의 일은 갑갑했다. 호주였지만 한국 사장님과 한국 직원들과 일했다. 한국다운 조직문화가 형성되었고 한국에서 회사생활을 하는 것과 비슷한 압박과 스트레스를 받았다. 몸이 좀 힘들더라도 한국 사람을 벗어나고 싶었다. 비행기에 몸을 싣고 북쪽 적도에 가까운 Cairns로 향했다. 호주 집주인이 운영하는 집에 방 한 칸을 얻었다. 집에는 한국 사람이 없었다. 2층은 집주인 부부가 살고 있었고 아래층에는 나 말고도 4명의 현지인이 있었다. 대부분 40대로 나보다 나이가 많았다. 특이한 점은 이 사람들도 나와 같이 아르바이트를 하고 있다는 것이다. 최저임금이 높아서 그런지 파트타임 일을 하면서 쉽게 이동하는 사람들을 어렵지 않게 볼 수 있었다. Cairns는 유명한 관광지였다. 특히, Great barrier reef는 세계적으로 잘 보존된 산호군락으로 유명했다. 거주인구가 10만 명 정도인 작은 도시지만, 관광객을 위해 카지노, 호텔, 상점, 그리고 식당가가 잘 갖춰져 있었다. Eddy의 도움으로 잘 정리된 이력서를 수십 장 복사했다. 그리고 10년 전 뉴질랜드에서 그랬듯이 발 닿는 가게마다 이력서를 돌렸다. 이력서를 들고 다니다 보면 나와 비슷한 모습으로 다니는 사람들과 마주쳤다. 일자리도 많았지만, 구직자가 더 많은 것처럼 보였다. 아직 관광객이 몰리는 시기가 아니라고 했다. 한 달가량을 발품을 팔아봤지만, 일자리를 구하지 못했다.

시간은 흐르고 통장에 잔고는 줄고 있었다. 결정을 내려야 했다. 10년 전 호주에서 농신('농장의 신'의 줄임말로 농장에서 일을 특출나게 잘해서 큰돈을 버는 사람을 말한다) 친구에게 연락했다. 친구는 Queensland에 Bowen이라는 곳으로 가라고 일러주었다. 농장에서 3개월 이상 일하면 돈도 많이 벌지만, 비자를 1년 연장받을 수 있다고 했다. 비자를 연장할 계획이 있는 건 아니었지만, 돈도 벌고 비자도 연장하게 되면 나쁘지 않겠다고 생각했다.

Cairns를 떠나기 전 Great barrier reef를 경험해 보고 싶었다. 가장 저렴한 여행상품이긴 했으나 190불이라는 거금을 내고 배에 올랐다. 3시간가량 배를 타고 나가서 Great barrier reef 포인트에서 스쿠버 다이빙을 하는 코스였다. 중간중간 포인트를 보면 10시간 정도 걸린다고 했다. 한국에서 스쿠버 다이빙 자격증을 취득해온 터라 자신 있었다. 40미터 깊은 바다에도 들어가 본 경험이 있으니 10~20미터 잠수쯤은 걱정하지 않았다. 좋은 지역에서 때를 못 맞춰 일자리를 못 구한 채 떠나는 신세가 되었지만, 세계에서 가장 아름다운 바닷속을 구경한다고 생각하니 기분이 좋았다. 주머니 사정에 맞지 않는 큰 지출을 감수해야 했지만, 지금 아니면 평생 다시 오지 않을 기회일 것 같아 과감하게 투자하기로 했다.

아침 일찍 일어나 채비를 했다. 부두까지 걸어서 30분이면 갈 수 있었지만,

비가 보슬보슬 내리고 있었다. 좋은 날 기분을 망치고 싶지 않아 택시를 잡았다. 늦지 않게 약속장소에 도착했고 배에 올랐다. 대부분 친구와 삼삼오오 모여왔지만 나 같이 혼자 온 사람들도 있었다. 혼자 온 사람들과 인사하며 오늘의 여행에 대한 기대들을 이야기하고 있었다. 출발 전 안내방송이 들려왔다. 높은 파도의 영향으로 멀미를 할 수 있으니 멀미에 약한 사람은 꼭 멀미약을 챙겨 먹으라고 했다. 미리 약을 준비하지 않은 사람은 선내에서 판매하는 약을 이용하라고 했다. 나는 "멀미에 약한 사람"이 아니라 강한 사람이라고 생각했다. 그동안 배탈 기회가 있었는데 멀미한 기억이 별로 없었다. 더구나 '대한민국 육군 만기 전역자'로서 약한 사람으로 남고 싶지 않기도 했다. 대수롭지 않게 여기고 출발하기만을 기다렸다. 항해를 시작하고 20분쯤 지나자 소화기관이 멈춘 것 같았다. 저렴한 가격 때문인지 배의 크기가 비교적 작아 보였다. 비 내리는 궂은 날씨 탓인지 바람이 좀 있어 파도가 셌던 모양이다. 속이 나아질 것 같지 않았다. 더 늦기 전에 조치 취하고 싶었다. 직원에게 달려가 약을 달라고 했다. 내 일그러진 얼굴 표정을 보고 안타깝다고 여기는 듯했다.

"You can take the pill now but it won't guarantee that you will get better. …

"That's ok, just give it to me. I feel so bad."

"Sure, here you go. You should have taken it 30minutes before on board."

"Ok, thank you."

배타기 최소 30분 전에 약을 먹었어야 했다는 직원의 서명은 멀미에 아무런 도움이 되지 않았다. 그리고 직원이 건네준 약도 직원 말처럼 전혀 도움이 되지 않았다. 약은 목을 넘어간 지 10분도 안 되어 입 밖으로 나왔다. 나 말고도 승객의 30% 정도는 구토하기 시작했다. 배는 아수라장이 되었다. 그들과 나의 차이는 1시간 후부터 시작되었다. 1시간이 지나니 사람들은 진정이 되었다. 단한 사람 쓰레기통 옆에 앉아 구토 봉지에 얼굴을 묻고 있는 사람이 있었다. 눈물도 났다. 창피했지만 밀려오는 구역질을 어떻게 할 방법이 없었다. 예쁜 백인 여직원이 불쌍하다고 말을 걸어주기도 했지만 구역질 때문에 대답도 할 수 없었다. 강한 척하려다 망신만 당했다. 3시간여 끊임없는 구역질과 수치심으로 가득한 지옥 같은 시간이 지나고, 배 엔진 꺼지는 게 느껴졌다. 배가 멈추면 좀 낫지 않을까 싶었지만, 파도는 여전했다. 출렁이는 파도 따라 달팽이관도 적응해 주었으면 좋으련만 문명과 타협하지 않는 야생마라도 되는 양 양보란 없었다. 끝없이 게워 내었다. 상태가 너무 안 좋아서 스쿠버 다이빙이고 뭐고 아무것도 않으려고 했다. 직원 말로는 차라리 물속에 들어가면 파도를 덜 느끼기 때문에 나을 거라고 했다. 선택이 너무 제한적이었다. 이상적으로는 한시라도 빨리 땅을 밟아야 했지만 나를 위해 배를 돌릴 수는 없었다. 수십 명의 손님이 나를 위해 희생할 것 같지는 않았다. 힘겹게 장비를 착용하고 힘없이 물에 빠졌다. 바닷속은 고요했다. 형형색색의 산호초와 아름다운 물고기가 있었지만, 눈에 들어오지 않았다. 세계제일의 바닷속 경치라고 하지만 나에게는 의미가 없었다. 그저 파도의 영향에서 벗어나 뱃속의 고요함을 즐기고 있었다. 1시간여 고요한 휴식을 마치고 물 위로 떠올랐다. 떠오름과 동시에 울렁이는 파도가 느껴졌다. 지옥 같은 구역질이 다시 시작되었다. 직원들에 의해 배 위로 건져졌지만, 파도의 울렁임은 똑같았다. 절대 아무것도 할 수 없었다. 느낌으로는 엊그제 먹은 음식까지 대장으로부터 다 게워 낸 것 같았다. 물을 마셔도 게워 냈다. 그렇게 무기력하게 힘없이 있었다. 돌아오는 길에는 고통에 못 이겨 바닷속으로 뛰어내려 죽어버리고 싶기도 했다. 인생에 기억남을 만한 행복한 추억을 만들려다 오히려 스스로 생을 마감할 뻔했다.

　호주는 정말 넓은 나라다. Caims와 Bowen은 같은 주에 있는데 이동시간이 버스로 10시간이나 걸렸다. 아침 일찍 출발해서 해 질 녘 도착했다. 버스에서 내리는데 한여름 날씨임에도 어디선가 싸늘한 바람이 불어왔다. 한적한 촌 동네다. 사람을 거의 찾아볼 수 없었다.

'이러다 일자리 찾지 못하면 어쩌나. 통장에 돈도 얼마 없는데.'

이런 걱정을 하고 있었다. 길옆 Backpackers에 찾아갔다. 일자리를 농장에 있는 숙소답게 일자리알선도 함께 하는 곳이었다. 시설이 안 좋았다. 좁은 방에 2층 침대를 빽빽하게 쑤셔 넣었다. 한 방에 6명씩 지냈다. 일자리를 소개해 준다는 명목으로 방값도 비쌌다. 하루빨리 일을 시작해야 했지만, 사장은 현재 비수기여서 바로 일하기가 쉽지 않다고 했다. 주방시설은 더 안 좋았다. 어디서 나는지도 모르는 음식 썩은 내가 진동했고 파리와 모기가 득실거렸다. 그래도 젊은이들이 모여서 그런지 밤마다 파티가 열렸다. 술과 음식을 나누어 먹으며 이야기를 나누고 술 게임도 했다. 세계 각지에서 모여있었다. 영국, 독일, 프랑스, 이탈리아, 홍콩, 일본 등…. 그렇게 1주가 지나갔다. 아직 일자리 소식이 없었다.

사장만 믿고 있을 수 없어서 기다리는 동안 거리로 나갔다 몇 안 되는 상점에 이력서를 뿌렸다. 모퉁이에 간판 없이 한국 슈퍼가 있었다. 반가운 마음에 그곳에 사장에게 말 걸었다.

"혹시 일자리 구하는데 도와주실 수 있나요?"

"아, 네. Mulgowie 라는 농장이 있긴 한데 일이 비교적 좀 힘들어요."

"상관없습니다. 지금 백패커에 지내고 있는데 방값은 비싼데 그렇다고 일이 바로 구해지지도 않네요."

"네, 잘됐네요. 그러시면 제가 관리하는 집에서 지내시면서 일하시면 되겠네요."

그렇게 쉽게 일자리를 구했다. 되도록 외국인들과 지내고 싶었지만, 이 방법이 없었다. 숙소를 옮겼다. 모르는 한국 사람들로 가득했다. 한 방에 2~3명씩 묶였는데 집안에는 침대를 비롯한 가구가 하나도 없었다. 대신 3단 접이식 매트리스가 제공되었다. 내가 자는 방에는 3명이 생활했다. 그중 한 명이 코를 심하게 골아서 첫날 한숨도 못 잤다. 다음날 바로 3M 고성능 귀마개를 구매야 했다.

농장에서 일이 시작되었다. 이른 아침에 작업장에 도착했다. 주로 대만, 한국, 일본사람이 많았고 유럽인들이 소수로 있었다. 옥수수를 다듬어 상자에 패킹하는 일이었다. 옥수수 컨테이너를 실은 트럭에서 옥수수가 쏟아져 내려오면 제일 앞에 사람들이 1차로 거른다. 상품성 없는 옥수수는 아래 폐기용 컨베이어벨트로 던져진다. 나머지 옥수수는 기계에 끼워진다. 다음 사람들은 끼워진 옥수수를 검사한다. 2차적으로 폐기용을 구분하고 다음 과정에서 포장에 맞게 잘릴 수 있도록 위치를 조정한다. 다음 정렬된 옥수수는 Sawing 기계를 통과한다. 가지 부분이 깔끔하게 잘린 옥수수는 비탈에 떨어져 다음 사람 앞으로 떨어진다. 이제는 옥수수를 박스에 담는다. 떨어지는 속도에 맞추어 담아내면 아래 경사면으로 던져 넣는다. 그 아래 사람은 지게차로 운전만 할 수 있도록 파레트 위에 박스를 차곡차곡 쌓는다. 박스가 11층까지 쌓이면 흐트러지지 않도록 테이핑을 한다. 테이핑이 완료되면 지게차가 와서 파레트를 한 장소에 모아놓는다. 그러면 팀장이 제품을 확인하고 전산(ERP)시스템에 입력 후 바코드 스티커를 붙인다. 첫 일주일은 두 번째 역할만 줄곧 했다. 일은 매우 단순하다. 당시 필요한 건 오직 스피드였다. 해뜨기 전에 시작해서 한참을 기계에 옥수수를 맞추어 넣었다. 세 시간쯤은 지난 기분으로 스트레칭을 하며 시계를 보면 의아했다. 아직 한 시간도 안 지난 것이었다. 그렇게 일주일 일 하고 첫 보수를 받았다. 우리 돈으로 80만 원 정도 되는 돈이었다. 그리고 한 달 동안 그 정도 수입을 유지했다. 이제 통장에 돈이 모이기 시작했다. 차를 사고 비싼 담배도 사 피웠다.(당시 호주 담배가격이 우리나라 돈으로 한갑에 약 만 오천원 정도 했다.) 쉬는 날은 같이 지내는 친구들과 술 파티를 하며 심심함을 달랬다.

한 달 되었을 때, 매니저로부터 좋은 제안이 들어왔다. 호박 패킹팀에 팀장으로 일해보라고 했다. 나이가 많고 영어가 가능하다는 이유에서였다. 지금보다 편하게 일하고 돈은 더 벌 수 있다는 희망으로 흔쾌히 수락했다. 처음에 한국친구 두 명과 같이 셋이 시작했다. 팀장이기는 했지만 어린 친구 둘이 고생하는 것을 보고만 있을 수는 없었다. 호박은 옥수수보다 무거웠다. 종일 무거운 호박을 던지고 쌓고 썩은 거 골라내고를 반복했다. 일이 끝나고 나서는 서류작업과 QC(Quality Control)도 해야 했다. 하루 평균 10시간 내외 일했다. 육체적 노동을 많이 하니 살도 빠지고 몸도 좋아졌다. 따로 운동하지 않았는데 숨어있던 복근에 왕자가 새겨졌다.

팀장 역할은 만만치 않았다. 육체적인 고통뿐 아니었다. 회사에서 원하는 것과 노동자가 원하는 것에는 분명한 대립이 있었다. 회사는 빠른 시간에 많은 성과를 내기를 바랐다. 같이 일하는 친구들은 휴식을 보장하고 일하는 시간에 비해 더 많은 보수를 받기를 바랐다. 중간에서 서로의 입장을 대변 하는 게 스트레스였다. 호박 팩킹 일은 일거리가 들쭉날쭉했다. 바쁠 때는 다른 팀에 요청하여 7명까지 되었고 한가할 때는 나 혼자 모든 역할을 소화하기도 했다. 보수는 나쁘지 않았다. 피크 시즌 2달은 월평균 400만 원 정도의 페이를 받았다.

나중에 안 사실이지만 전임 팀장들은 업무 스트레스를 이기지 못하고 금방 그만두었다고 한다. 내가 오기 전 한 달 동안 4명이나 바뀌고 나에게 기회가 온 것이었다. 불안정한 일거리에 Rejection claim도 잦아 직원들뿐만 아니라 회사

차원에서도 계륵과 같은 팀이었던 모양이다. 나는 팀장이라는 감투 때문에 열심히 했다. 여기 말고 딱히 대안이 없었기 때문에 힘들어도 버텨냈다. 관리자도 내 노고를 인정했는지 마지막 페이에 300불을 얹어 주었다.

자유를 찾아 멀리 호주까지 와서 스트레스받으며 육체노동을 하는 스스로가 한심했다. 한국만 벗어나면 자유로운 인생이 기다리고 있는 줄 알았다. 절대 그렇지 않았다. 호주에서 쉽게 일자리를 구하려면 한국 사장들이 운영하는 업체에 가게 된다. 한국 사장은 최저임금을 안 주고 같은 문화에서 열정으로 열심히 일하는 한국 젊은이를 선호한다. 이렇게 일하게 되면 호주에 작은 한국이 만들어지는 것이다. 내 나라 한국 자체가 잘못되었다는 게 아니다. 다만, 한국 특유의 조직문화는 나하고 맞지 않는다. 군대와 비슷한 상하관계에서 비롯되는 명령과 복종은 업무와는 관련 없는 부수적인 스트레스를 유발한다. 한국을 벗어나려 멀리 호주까지 와서 발버둥 치고 있지만 이렇게 어려운 일이었던가.

일식식당 주방장
주방을 관리하는 주방장!

농장에서 일한 지 3개월이 넘어갈 때쯤 워킹홀리데이 세컨드 비자를 신청했다. 원래 워킹홀리데이 비자는 1년짜리인데 시골 지역 정부에서 지정하는 농장이나 공장에서 3개월 정도 일하면 또 다른 1년 비자를 신청할 자격이 주어진다. 나는 만으로 30세가 넘어서 안 될 것으로 생각했지만 농장으로 안내해준 친구가 문제 될 것 없다고 하여 그런 줄만 알고 있었다. 이민성에서는 원칙만 얘기해 주었다. 나는 만으로 30세가 넘어서 세컨드 비자를 신청할 수 없었다. 세컨드 비자를 받으려는 게 주된 목적은 아니었지만 아쉬웠다. 잘못된 정보를 알려준 친구 놈에게 한소리하고 힘든 농장 생활을 정리하게 되었다.

전날 밤 호박 팀원들과 간단하게 한잔했다. 팀장 믿고 잘 따라와 줌에 고마움을 표했고 동생들은 떠난다고 아쉬워했다. 기회가 되면 한국에서 또 만나자는 말을 남기고 작별했다. 다음날, 떠날 채비를 했다. 차에 짐을 싣고 같이 지내던 친구들과 작별인사를 했다.

갈 길이 멀어 아침 일찍 출발했다. 호주가 넓은 땅임을 다시 한번 실감했다. 목적지는 브리즈번으로 머물었던 농장에서 1,200km 떨어져 있다. 제한속도 100km에 크루즈 기능을 켜놓고 달렸다. 한참을 달렸는데 중간도 안 왔다. 중간에 주유하고 또 달렸다. 달리다 출출하면 편의점에 들렀다. 또 달렸다. 달리다 보니 해가 지고 있었다. 지루하고 피곤했다. 졸음이 왔다. 눈을 아무리 크게 뜨려고 해도 감기기만 했다. 브리즈번까지 2시간가량 더 가야 하지만 체력은 바닥나 있었다. 너무 늦은 시간이어서 숙소를 구하기도 어려워 보였다. 대충 주변에 주차하고 잠을 청했다. 아직 어두운 새벽잠에서 깼다. 잠이 덜 깨긴 했지만, 다시 잠이 들것 같지도 않아 다시 출발했다.

브리즈번은 호주에서 3번째로 큰 도시다. 도시 중심에는 높은 빌딩이 빽빽하게 자리하고 있고 주변을 브리즈번강이 굽어 돌고 있다. 이곳에도 아는 사람이 한 명도 없었다. 친구를 좀 만들고 싶었다. 일단 숙소를 시티 중심에 잡았다. 2주 정도 머물면서 영어학원을 등록했다. 1주간 학원에 다니면서 대단한 걸 배울 기대는 하지 않았다. 다만 친구들을 만들고 싶었다. 1주일 동안 많은 친구와 사귀었다. 우리 반에는 이탈리아, 대만, 스페인, 브라질, 스웨덴 등에서 온 학생들이 7명 정도 있었다. 수업이 끝나면 같이 밥 먹고 술도 한잔하기도 했다. 주말에는 클럽도 가서 술과 춤을 즐겼다. 4개월간 농장에서 고생한 것을 보상이라도 받는 듯했다. 1주일간의 짧은 학원 생활 이후에도 친구들과 어울렸고 또 다른 친구들을 소개받고 그렇게 하게 되었다.

슬슬 일을 시작해야 했다. 외곽에 장기로 머물 숙소를 잡았다. 한국인이 렌트를 해서 서브렌트를 하는 집에 방을 구했다. 가격은 저렴했지만, 외곽이라 그런지 집 상태가 꽤 좋았다. 렌트를 한 사람을 마스터라고 불렀는데 나보다 세 살 어린 남성이었다. 오래가지 않아 면접이 잡혔다. 한국인 사장이 운영하는 인테리어 회사였다. 공장에 큰 창고까지 있는 큰 규모의 회사였다. 일 잘하는 만큼 성과를 인정해 주겠다고 했다. 실제로 창업 당시부터 함께한 개국 공신들은 연봉 1억이 넘는 높은 연봉을 받으며 다니고 있었다. 여기서 잘 적응하면 호주에 자리를 잘 잡을 수도 있겠다는 생각이 들었다. 면접에 합격하고 출근을 했다. 업무도 마음에 들었다. 인테리어 요청이 있으면 도급업자들에게 문의하여 시공별로 견적을 받는다. 그리고 인테리어 일정을 짜고 조율하는 일이었다. 한국에서 원료의약품 소싱 하고 수입하는 일과 비슷한 점이 많았다. 영어도 연습하고 성과도 인정받을 수 있다고 생각하니 만족스러웠다.

문제는 사장이었다. 너무 거칠었다. 신입이었던 나에게는 그런 적이 없지만, 기존 직원들에게 너무 하대하는 모습을 봤다. 다음날에는 더 많이 봤다. 화가나면 사람을 가리지 않고 소리를 지르며 욕설과 함께 업무지시를 했다. 성공도좋고 적성도 좋지만 나도 언젠가는 사장의 화풀이 대상이 될 것 같았다. 일주일간 지켜보고 말했다.

"사장님, 일주일간 해보니 적성에 맞지 않는 것 같습니다. 다른 일을 찾아보겠습니다."

사장님이 무서워서 같이 일 못 하겠다는 말은 차마 하지 못했다. 이번엔 한국인이 운영하는 일식집 면접이 잡혔다. 사장은 나를 보고 많은 질문을 하지 않았다. 그리고 다음에 면접 온 사람이 기다리고 있으니 그만 돌아가 보라고 했다. 내가 마음에 안 들어서 떨어졌는지 알았다. 사실은 반대로 인상만 보고 마음에 들어서 질문을 많이 할 필요가 없다고 했다.

대학에서 식품영양학과를 전공하고 영양사 면허가 있지만, 요리해본 적이 없다. 경험이 없어 자신 없어 하자 사장은 차근차근 알려 줄 테니 걱정하지 말라고 안심시켜 줬다. 정말 차근차근 처음부터 배웠다. 바쁠 때는 설거지를 주로 했고 한가할 때는 재료 손질부터 배웠다. 칼질하는 법, 재료를 개량해서 포장해놓는 법 등을 익혔다. 요리는 요리사만 하는 것인 줄로만 알고 있어 두려웠다. 경험도 없는 내가 만든 음식을 손님이 돈 주고 사 먹는다고 생각하니 조심스러웠다. 걱정했던 것만큼 어려울 것은 없었다. 고기, 야채를 비롯한 재료들은 1인분 양에 맞추어 비닐봉지에 담아 보관하고 있었다. 주문이 들어오면 팬을 불 위에 올리고 각 재료를 순서대로 넣고 익을 때까지 볶아주기만 하면 되는 것이었다. 초보 요리사도 요리할 수 있었던 것은 계량화 덕분이었다. 다른 분야에 적용할 수도 있을 것 같다. 사업을 하더라도 주먹구구식으로 하는 게 아니라 정량분석을 통해 계량한다면 단계별로 시스템화할 수 있을 것으로 생각했다. 직원을 아껴주고 편하게 일할 수 있게 배려해주는 사장님 내외분 덕에 가슴 따뜻한 시간을 보낼 수 있었다.

최저임금도 지켜줬다. 월급에 우수리 돈은 반올림하여 주시기도 했다. 직원들을 소중하게 다뤄주는 모습을 보며 한국인 사장님은 다 그럴 거라는 편견을 깨게 되었다.

일이 어느 정도 손에 익을 무렵 주방에 자리가 비어 마침 쉬고 있던 집 마스터 동생에게 권했다. 동생도 한국에서 식당사업을 해본 경험이 있어서 좋아했고 사장님도 만족해했다. 같이 집에서 출퇴근하면서 기름값도 아끼고 더 친해질 수 있어서 좋았다. 주방에서 둘만 일하게 되는 경우가 많았는데 조금씩 문제가 생기기도 했다. 바쁠 때는 바쁜 대로 한가할 때는 한가한 대로 할 일이 있었다. 동생은 본인의 일이라고 생각하는 부분을 빨리해버리고 사장님이 없으면 쉬어버리는 성향이었다. 나도 같이 쉬거나 신경 쓰지 않고 내 할 일만 하면 되는 건데 마음이 생각대로 되지는 않았다. 일하고 있을 때 쉬고 있는 동생을 보면 화가 났다. 같은 일이 반복되어 한소리 하기도 했다. 동생은 내가 서운해하고 있을 거라고는 전혀 생각하지 않고 있었다. 스스로 관대하지 못함을 자책했다. 5~6명 일하는 작은 식당임에도 불구하고 수많은 일이 발생했다. 조직의 규모가 작으면 가족 같은 분위기로 즐겁게 일할 수 있지 않을까 생각했지만 그렇지 않았다. 주방에서는 우리끼리 알게 모르게 그랬고 앞에서 스시롤을 마는 여직원들과도 마찰이 있기도 했다. 여직원들은 본인들이 바쁘니까 주방에서 더 해주기를 바랐고 우리는 우리 대로 바쁘다고 생각해서 그럴 수 없었다.

만약에 사장님이 계속해서 가게에서 같이 일을 했더라면 직원들끼리의 마찰이 덜하지 않았을까 생각이 되었다. 아니면 사장님 역할을 대신할 수 있는 매니저급이 필요했던 것 같다.

6개월쯤 됐을 무렵 가게가 다른 주인에게 팔렸다. 나는 또 다른 일자리를 찾아봐야 했다. 어렵지 않게 다른 일식집에 취직했다. 경력이 있으니 더 어렵지 않았던 것으로 생각이 된다. 시급은 더 높았다. 매우 바쁜 식당이었다. 사장님은 거의 가게에 나오지 않았지만, 사모님이 그 자리를 대신하고 있었다. 한국인 특유의 조급증이 있어 보였다. 스트레스받는 일에 뛰어들고 싶지 않았지만, 딱히 대안도 없었다. 사모님은 처음부터 안달이 나 있었다. 신입인 나뿐 아니라 전 직원에게 소리치고 보채고 있었다. 주방 분위기가 험악했다. 주방에서 나이는 내가 제일 많았지만, 분위기에 압도되어 주눅이 들어있었다. 나이 어린 선배들의 눈치가 보였다. 발 빠르게 뛰고 손을 바지런히 움직여 선배들과 사모의 마음에 들기 위해 노력했다. 항상 그들을 만족하게 할 수는 없었다. 오래가지 못했다. 비교적 돈벌이가 괜찮아 최대한 버텨보려 했지만, 자존감이 떨어져 계속할 수 없었다. 애매한 시기였다. 호주에 정착할지 고민하고 있었다. 여기도 쉬운 건 아니었지만 한국에 비교하면 일과 여가의 균형이 있어 보였다. 마지막 직장을 겪으며 다른 곳으로 떠날 준비를 하게 되었다.

여기가 아닌가 봐

도대체 어느 나라가 내가 살만한 나라일까?

한국을 떠나기 전 코엑스에서 열린 직업 박람회에 참관했었다. 이미 직장에 대해서는 여러 번 경험이 있었지만, 혹시 맞는 직장이 있을지 보고 싶었다. 참관자들은 대부분 대학생 또는 고등학생이어서 나이 많은 내가 있을 곳이 맞나 싶었다. 국내 회사뿐만 아니라 외국회사나 외국에서 근무할 수 있는 회사도 꽤 있었다. 행사 중간에 코트라 싱가포르 자사에서 주관한 세미나가 있었다. 싱가포르에서 한국인 취업 현황과 취업 정보를 알려주었다. 싱가포르는 집값과 물가가 비싸기는 하지만, 우리나라보다 업무환경이 좋다고 했다. 눈치 안 보고 휴가를 쓸 수 있고 병가도 보장되어있어 일 년에 보통 30일 이상 휴가로 이용할 수 있다고 했다. 조직구조도 수평적이어서 자기 업무만 잘 하면 쓸데없이 스트레스받을 일이 거의 없다고 했다. 꿈만 같았다. 싱가포르에서 직장만 구할 수 있으면 평생 그런 데서 살고 싶다는 생각이 들었다. 당장은 그러지 못했지만 언젠가는 가봐야겠다는 생각을 했다.

호주에서 자리를 잡고 정착해볼 생각도 있었다. 식당에서도 어렵지 않게 취업비자를 받을 수 있었고 몇 년 일하다 보면 영주권의 기회가 주어지고 있었다. 나에게는 시기와 기회가 맞지 않았다.

싱가포르로 떠날 준비를 하기 시작했다. 항공권을 구매했다. 이제 나머지 짐을 정리해야 했다. 최소한의 짐으로 호주에 왔으나 그동안 많은 짐이 생겼다. 옷가지를 비롯해 물건들을 하우스메이트들에게 나누어 주었다. 그리고 또 최소한의 짐만을 남겼다. 싱가포르는 더군다나 열대지방이다. 여름옷 말고는 다 필요 없을 것으로 생각했다.

탈 많았던 차도 정리해야 했다. 포드에 이스케이프라는 차였다. 당시 차를 구매할 때 판매자는 한국에 들어가야 해서 급하게 처분한다고 했다. 10년 정도된 차였으나 외관은 멀쩡했다. 차에 대해 잘 몰라서 고민이 됐었다. 중고차가 언제 고장 나서 속을 썩일지 모르는 일이었다. 우연히 알게 된 사람이 나 대신 차를 봐주었다. 여기저기 꼼꼼히 살피고 차 밑에도 들어가서 뭔가를 봤다. 시동을 걸어보고 소리도 듣는 등 전문가 같은 모습이었다. 20여 분 꼼꼼하게 살피는 동안 차주의 표정은 하얗게 질려가고 있었다. 차에 하자가 좀 있으니 안 사는 게 좋을 것 같다고 했다. 주행거리도 이미 13만을 넘었고 소리를 들으니 엔진에도 이상이 있는 것 같다고 했다. 차에 올라 시험 운전을 해보았다. 차가 잘 나갔다. 힘도 좋았다. 약간 이상한 소리가 들리는 것 같기는 했으나 문제 차주는 아무 이상 없이 잘 타고 다녔다고 설명해줬다. 결국, 차를 구매했다. 농장에서 이보다 나은 차를 사기 어려울 것 같았다. 문제없는 중고차가 어디 있겠다 하는 생각도 했다. 차를 빨리 사고 싶은 마음이 작용하지 않았나 싶다. 전문가가 이미 문제를 지적해 줬음에도 불구하고 욕구 때문에 보고 싶은 것만 보인 것이다.

저렴한 중고차답게 그동안 수리비로 많은 돈을 지출했다. 차 가격이 4백만 원이라면 차 수리에 그 이상의 돈을 지불 했다. 그렇다고 차가 고쳐지지도 않았다. 한번은 길 위에서 시동이 꺼지더니 서버린 적도 있다. 뒤에 차들이 경적을 울리고 어렵사리 렉카를 구해 정비소로 가야 했다.

차를 팔 때 다음 주인은 그동안 내가 차에 소진한 돈에 관해 전혀 알아줄 리가 없었다. 차가 얼마나 잘 작동하는지, 이상은 없는지, 연식과 주행거리 등을 꼼꼼하게 점검했다. 대부분 안 산다고 했다. 그나마 사려는 사람은 백만 원도 안 되는 돈을 제시했다. 떠날 날짜가 다가와 어쩔 수 없이 울며 겨자 먹는 마음 마음으로 차를 처분해야 했다.

차를 구매할 때 마음가짐은 분명했다. 저렴한 차를 구매해서 타다가 비슷한 가격에 팔면 그만이라고 생각했다. 전 차주가 그렇게 했듯이 말이다. 하지만, 나 다음으로는 나와 같이 차에 대해 모르면서 욕심만 앞선 호구 차주가 나타나지 않았다.

말썽을 많이 부리기는 했어도 나름 유용하게 써먹긴 했다. 앞서 여러 번 언급했듯이 호주는 땅이 넓다. 차 없이는 많은 것이 제한된다. 출퇴근을 할 수 없고 장 보러 가기도 어렵다. 쉬는 날 경치 좋은 곳으로 여행가기도 쉽지 않다. 기회비용을 많이 내기는 했어도 차 덕분에 자유롭게 여러 곳을 다니고 많은 사람을 만날 수 있었다. 그러다 보니 차만 봐도 추억이 떠오르는 추억이 많았다. 차 때문에 경제적으로 손해를 봐서 그랬겠지만, 호주에서 즐거웠던 일도 정리된다고 생각되어 아쉬웠던 부분도 있었던 것 같다.

아쉬운 마음을 뒤로하고 호주 생활을 정리해 나갔다.

제4장
직장인의 파라다이스, 싱가포르

또 다른 세상

아시아 최첨단 도시국가 싱가포르

골드코스트에서 7시간을 비행해 날아왔다. '쿵' 하는 소리와 함께 싱가포르 창이국제공항에 착륙했다. 아침에 출발하여 오후 늦은 시간 도착했다. 열대지방답게 후텁지근했다. 바로 택시를 타고 예약해둔 숙소로 향했다.

게스트하우스에 도착했다. 번들번들 높고 멋진 빌딩들이 즐비한 도심과 달리 허름한 건물이 많은 동네였다. 내가 묵을 숙소는 반세기는 넘어 보이는 낡은 건물이었다. 인터넷에서 예매할 때는 공간도 넉넉하고 밝은 분위기였으나 실제로는 협소하고 칙칙했다. 하루빨리 제대로 된 방을 구해야 했다. 우리나라도 인터넷으로 무언가를 구매할 때 사진과 다른 경우가 많은데 싱가포르도 크게 다르지 않음을 알 수 있었다.

짐을 풀고 밖으로 나왔다. 숙소 주변을 한 바퀴 돌았다. 평소 싱가포르 하면 좋은 인상을 주고 있어서 그런지 실망이 컸다. 아시아의 용 중에 한 국가이기도 하고, 법이 엄격하기로 유명해서 질서가 잘 잡혀있는 나라인 줄 알았다. 도로에서 침만 뱉어도 큰 금액의 벌금이 부과된다고 알고 있었다. 도심이나 관광지로 가면 그렇게 생각될 것이다. 환경이 깨끗하기도 하고 이를 지키는 경찰도 많을 것이다. 내가 머물던 숙소 주변에는 영어를 못하는 중국인이나 동남아계열 사람이 많았다. 길거리에서 아무렇지 않게 담배 피우고 꽁초를 버리는 사람이 많았다. 무단횡단은 예삿일이었다. 우리나라만큼이나 무질서 해 보였다.

조금 더 걸으니 사창가도 나왔다. 싱가포르는 우리나라와 다르게 성매매가 합법이라고 한다. 그만큼 나라에서 성매매 여성을 철저히 관리한다고 한다. 주기적으로 성병 검사를 하고 소득에 대한 세금도 낸다고 한다. 우리나라는 성매매가 불법이지만 200여만 명의 여성이 성매매에 종사한다고 한다. 불법이니 당연히 관리가 될 수 없다.

싱가포르 방값은 상상 이상이었다. 작은 방 하나에 월 70~100만 원은 지급해야 했다. 한 방을 2명 이상 같이 쓰는 방법도 있긴 했지만 되도록 혼자 쓰고 싶었다. 한국커뮤니티 사이트에 저렴하면서 독방이 올라왔다. 월 50만 원 정도에 혼자 방을 쓸 수 있었다. 바로 집주인에게 연락하여 방을 보러 갔다. 집 주변은 고층빌딩과 고급호텔이 자리하는 초 도심이었다. 이런 곳에 어떻게 이런 집이 있나 싶었다. 머무는 슬럼가에 게스트하우수보다 못한 수준이었다. 방 크기는 어림잡아 2~3평 정도로 생각된다. 방음이 안 되는 파티션으로 방을 칸막이쳐서 방 개수를 늘렸다고 했다. 초 도심에서 이만한 방값을 위해서는 어쩔 수 없다는 게 집주인의 설명이었다. 대신 위치가 좋아서 어디든 교통비와 시간은 절약할 수 있다고 했다. 맞는 말이었다. 어차피 직장을 구하는 게 중요했다. 침대, 책상 등 기본적인 건 다 있었고, 가격으로 덜 부담되는 이 방에서 지내기로 했다.

다음날 집주인이 차를 가지고 게스트하우스로 픽업 왔다. 지하철을 타고 갈 수도 있었겠지만 마침 비가 오고 있었다. 친절한 집주인의 도움으로 편하게 이사할 수 있었다. 집주인은 50대로 보였다. 더운 날씨에도 불구하고 정장 재킷을 입고 있었다. 집이 여기 말고도 있는 것처럼 보였다. 가끔 들르면 청소하고 공동시설 정리하는 일을 하셨는데 땀을 흘리면서도 재킷을 벗지 않았다. 방 계약을 마치고 아저씨 얘기를 조금 해주었다. 원래 한국에서 부동산 사업을 해서 잘 나갔다고 했다. 무슨 일이 있었는지 20년 전 한국을 떠나게 되었고 캐나다 등 외국 생활을 시작했다고 했다. 그러던 중 싱가포르에 오게 되어 정착했다고 한다. 처음에는 서양국가에서 사는 게 좋다고 생각했지만, 막상 살아보니 그렇지 않았다고 한다. 서양에서 동양인은 아무래도 비주류이다 보니 우리나라에서 동남아 외국인 노동자 같은 입장이라고 했다. 싱가포르는 서양처럼 경제적으로는 발전했지만, 주류가 중국계이다 보니 동양인에 대한 차별이 없었다. 인구의 70%가 화교이고 나머지는 말레이, 인도 등 동남아 사람이다. 싱가포르 사람들은 한국 사람을 좋아했다. 한류 덕분에 한국에서 왔다고 하면 연예인 누구 아느냐고 물어보는 등 많은 관심을 둔다. 비슷한 동양문화에도 편안함이 있다. 뉴질랜드, 호주에서 살아본 나도 백번 공감되는 내용이었다.

짐을 풀기 전에 청소했다. 걸레를 빨아 바닥을 닦았다. 벽도 닦았다. 책상, 침대, 옷장 구석구석 닦았다. 원래 이렇게 깔끔한 습관이 있는 건 아니지만 좀 지저분하다 싶었다. 좁은 방이지만 청소하는 데 2시간이나 걸렸다. 짐 가방에 옷을 하나하나 꺼내 옷장에 정리하고 나갈 준비를 했다.

눈으로 직접 본 싱가포르 야경은 황홀했다. 높은 빌딩 숲에서 뿜어지는 색색의 조명과 강물이 아름답게 어우러져 있었다. 산책길을 따라가다 보니 티비에서만 보던 MBS(Marina Bay Sands)호텔이 보였다. MBS호텔 옥상에는 거대한 배 모양을 하고 있는데 그곳에 있는 야외수영장은 세계적으로도 유명하다. 갑자기 음악이 나오더니 강물에 레이저를 쏘았다. 레이저쇼가 시작된듯하다. 오케스트라 클래식으로 추정되는 모르는 음악에 맞추어 레이저가 움직였다. 나를 포함한 주변에 관광객들은 걸음을 멈추고 카메라에 담느라 정신이 없었다.

새로움은 언제나 감동을 준다. 초등학교 6학년 처음 서울역에 왔을 때가 생각난다. 23년 전이니 지금 역이 지어지기 전이었다. 친척 칠순 잔치 때문에 기차를 타고 서울에 왔었다. 내려서 걸어 나오는데 입이 떡하니 벌어졌다. 역사 내무에 아치형 천장을 보니 감동적이었다. 거대한 건축물의 웅장함과 아름다움이 촌놈 눈에는 신기하게만 보였다. 역을 빠져나오니 티비에서 봐서 익숙했던 대우그룹 건물이 보였다. 세상에 이렇게 큰 건물이 있을 수 있나 싶었다. 그 옆에 남대문을 보고 또 놀랐다. 홍성에도 조선 시대에 지어진 조양문이 있었지만, 남대문에 비하면 미니어처 같은 느낌이었다.

뉴질랜드에서는 자연의 아름다움과 섬세함을 느꼈다. 차를 타고 가다 보면 수평선이 보일 만큼 거대한 호수가 많았다. 만년설이 있는 높은 산, 빙하가 지나가면서 지면을 깎아 만든 사운드 등 그림보다 그림 같은 풍경에 놀라고 감탄했다.

호주에서는 넓은 땅에 감탄했었다. 찻길을 따라 끝없이 펼쳐진 농장의 규모에도 놀랐었다. 1000km로 길게 이어진 Great Barrier Reef는 나뿐 아니라 세계인에게 감동을 준다.

새로움이 익숙해지면 어떻게 될까? 아무리 아름다운 풍경도 매일 본다면 감동이 줄어든다. 나에게 서울역, 뉴질랜드 호숫가, 호주의 거대함이 그랬다. 경영학에서 배운 한계효용의 법칙이 새로움에도 적용되는 듯하다. 아무리 아름다운 관광지도 일상이 되어버리면 의미가 줄어들게 된다. 어쩌면 결국엔 익숙해져 버릴 새로움을 찾아다니는지도 모르겠다.

새로운 시작이다. 아는 사람, 정해진 직장은 없다. 작은 짐 가방과 건강한 몸뚱이가 전부다. 지금까지 새로운 환경에 잘 적응했던 경험을 믿고 도전하는 것이다. 초등학교에서 중학교로 진학했을 때, 군 전출 받았을 때, 편입했을 때, 첫 직장, 이직, 뉴질랜드, 호주, 교회 등 다양한 경험을 했다. 환경마다 각기 다른 문화와 분위기가 있어 처음에 어색한 감정이 드는 건 피할 수 없었다. 낯선 환경과 낯선 사람들은 나를 긴장하게 했다. 새로운 교회에 나갔을 때 이런 생각을 했다.

'사람들이 나를 보고 뭐라고 생각할까? 저 사람은 날 보고 표정이 왜 저렇게 굳었지? 내가 마음에 안 드나? 여기 사람들 너무 광적인 것 같은데 내가 적응할 수 있으려나?'

첫 직장에서는 이런 생각을 했다.

'뭐야. 동기들 왜 이렇게 각 잡고 있지? 우리 너무 긴장한 거 아니야? 회사가 군대도 아닌데. 그래도 군기 있는 척해야 선배들이 더 좋아하겠지? 여기 선배들 우릴 잘 대해주려나? 영업 처음 해보는 건데 잘 할 수 있을까? 아직 졸업도 안 했는데 좀 더 공부해서 대기업 갈 걸 그랬나.'

시간이 지나면서 조금씩 긴장은 풀어졌다. 낯선 사람과 환경은 익숙해지면서 편해졌다. 대상에 대해서 알게 되는 만큼 심리적으로 거리가 좁아지는 것 같다.

어김없이 심리적으로 불안했다. 익숙지 않은 환경에 처음 보는 사람뿐이니 당연하다 여겼다. 주변 사람들을 알아가야 했고 모르는 환경에 익숙해지고 하나씩 알아가면 되는 것이었다. 불안했지만 통제할 수 있는 수준이었다.

취업을 위하여

싱가포르 현지 취업에 성공한 비결은?

싱가포르 정보에 정통한 집주인이 구직에 팁을 주었다. 그간 젊은 사람들이 와서 구직한 이야기 사례를 들어가며 현실적으로 싱가포르에 직장을 구하는 방법을 알려주었다. 이력서를 들고 직접 찾아다니는 방법, 한국식당에 가서 지배인으로 취직해서 정착하는 방법, 구직사이트에서 사무직 구하는 방법 등 자세한 얘기를 들을 수 있었다. 마지막으로 5년 전만 해도 한국에서 온 청년들 어렵지 않게 직장을 구했다고 했는데, 요즘은 싱가포르 경기가 안 좋아서 예전 같지 않다는 말을 했다. 최소 6개월은 생각해야 하고, 오래 걸리는 사람은 1년 넘게 구직만 하는 일도 있다고 했다. 친절한 집주인은 싱가포르에 10년 넘게 살면서 대학 나오고 취직했고, 지금은 연봉을 높여서 이직에 성공한 세입자를 소개해주기도 했다. 현재 마이크로소프트에서 근무 중인 그분은 나의 이력을 보고 뭐든 할 수 있겠다고 얘기해 주었다. 싱가포르는 한국과 다르게 다양한 경험을 긍정적으로 봐준다고 했다. 경력이 1년 넘으면 그렇게 이상하게 보지 않는다고 했다. 현지인들도 이직이 잦아 1~2년 사이에 직장을 옮기는 일이 흔했다.

무슨 일을 할지부터 정해야 했다. 한국에서 사무직을 하며 몸으로 뛰는 일을 해보고 싶어서 했었다. 호주에서 육체노동은 확실하게 경험했다. 특히 농장에서 호박팀장으로 일할 때는 군대 훈련을 초월하는 고강도 노동을 했었다. 이상적으로는 사무직과 노동직이 반반 섞인 일을 하고 싶었으나 그런 일은 흔치 않았다. 사무직을 구하기로 마음먹었다.

그간 이력을 정리해 보았다. 이력이 너무 많으면 안 좋게 볼까 봐 정직원으로는 세 군데, 아르바이트는 추려서 5개만 넣었다. 어떻게 구직을 할지 생각해 보았다. 한국커뮤니티 사이트와 현지 사이트에 올라오는 직장 리스트를 보았다. 되도록 외국회사에 들어가고 싶었다. 딱딱하고 상하가 확실한 익숙하지만 벗어나고 싶은 한국 문화보다는 듣기만 해본 외국 문화를 경험해 보고 싶었다. 이력서와 커버레터를 3일 정도 가다듬고 지원을 하기 시작했다. 이력과 관련이 있는 영업, 고객서비스, 무역 등의 카테고리를 중심으로 지원했다. 3일 정도 지원하고 나니 절대 지원할 데가 없었다. 절대 할 일이 없었다. 매일 몇 개의 포지션만 추가로 지원해주면 끝이었다. 연락 오는 곳이 없었다. 그렇게 또 다른 1주일이 지나갔다. 한 대학교에서 한국인 학생 상대로 하는 마케팅 포지션으로 연락이 오긴 했으나 추가로 진행이 되지 않았다. 며칠 뒤 럭셔리 욕실용품 회사 영업 포지션으로 헤드헌터에게 연락이 왔다. 한국을 비롯한 동아시아를 상대로 영업하는 일이었다. 헤드헌터가 요청한 대로 이력서를 포지션에 맞게 다듬어 제출했다. 그동안의 직장 경험을 살릴 수 있고, 출장으로 한국도 갈 수 있다는 생각이 들었다. 차분한 마음으로 일주일이나 기다렸으나 연락이 없었다.

목마른 사람이 우물을 판다고 헤드헌터에게 연락했다. 왜 답이 없냐고 묻자 아직 검토 중이라고 했다. 아마 아직 검토 중일지도 모르겠다. 3주가 다 되어 가는데 면접 한 번 보지 못했다. 집주인 말처럼 구직하는데 6개월 이상 걸린다면 나는 싱가포르에 있을 수 없었다. 아르바이트를 하면서 버텨야 하는데 그러고 싶지 않았다. 최대 두 달까지만 시도해 보고 안 되면 비교적 구직이 쉬운 주변 동남아 국가로 넘어가야겠다고 생각하고 있었다.

그러던 중 DHL에서 연락이 왔다. 면접 제의였다. 그동안 이력서를 고쳐 써도 면접기회가 없었기에 믿을 수가 없었다. 전화한 사람에게 현재 이력서로도 괜찮냐고 물어봤다. 내 말을 이해할 수 없다는 말투로 이력서 괜찮다고 말해주었다.

면접 준비를 해야 했다. 호주에서 몸 쓰는 일을 주로 해왔기에 면접에 적절한 옷이 없었다. 쇼핑을 갔다. 저렴하면서 깔끔한 옷을 사야 했다. 셔츠에 정장 바지 그리고 싸구려 구두까지 해서 우리 돈으로 10만원 정도는 지출한 것 같다. 큰돈이 아니었지만 최소한의 지출 하루하루를 버티던 시기였다. 면접이 취업을 보장하지는 않지만 어렵게 온 기회에 최선을 다하고 싶었다.

다음은 할 말을 점검해야 했다. 한국어로는 이미 면접에 달인이었지만 영어는 자신이 없었다. 그렇다고 영어 실력이 갑자기 늘 리도 없었다. 예상되는 질문에 한국어로 답변을 생각했다. 그리고 영어로 바꾸어 보려고 했다. 아무리 생각해도 콩글리시에서 벗어나지 못했다. 막상 기회가 오니 일자리가 주어져도 할 수 있을까 하는 의심도 들었다.

면접날 약속 시각보다 30분 먼저 회사에 도착했다. 거대한 창고건물 옆에 사무실 건물은 지은 지 얼마 안 되어 보였다. 로비에 있는 안내 직원의 안내를 받아 출입증을 발급받았다. 인사팀에서 직원이 나를 데리러 왔다. 그리고 한 방으로 안내해 줬다. 5명 정도 되는 사람들이 이미 있었다. 처음엔 다른 면접을 진행하고 있는 줄 알았는데 듣다 보니 업무상 회의를 하는 것이었다. 인사팀 직원이 실수로 엉뚱한 방으로 안내한 것이었다. 한참 회의를 주도하던 직원이 가만히 있던 내게 물었다.

"You are here for.. do I know you?"

"I am here to have an interview."

"Then it is not the right room for you."

"I think so too."

"Hahahaha."

사람들이 웃었다. 겸연쩍게 방을 나와 물어물어 면접 장소로 갔다. 이번엔 빈방이다. 틀림없이 면접 장소 같았다. 초조하게 기다렸다. 영어로 말을 해야 한다는 부담이 컸다. 두 명의 면접관이 들어왔다. 친절한 미소를 머금고 나에 대해주었다. 긴장된 마음이 조금 누그러들었다. 가볍게 대화로 시작했다.

"When did you come to Singapore?"

"I've been here for a month now. I was in Australia for a year previously and I came here to find a job"

"Oh, I thought you've just come from Korea. It is very pleasure to meet you here."

"Pleasure to meet you too."

"According to the resume, you have work experiences in Korea. Tell us more about it."

유창한 수준은 아니지만, 차근차근 유창한 척 대답하려 애썼다. 정확하게는 못 알아들어도 뻔한 질문이기에 그간에 직장 경험과 현재 업무를 잘 할 수 있는 이유 등을 준비한 대로 설명했다.

완벽하지는 않았지만, 실력껏 보았다고 생각했다. 내 수준에서 딱히 더 잘할 수는 없다고 생각했다. 예정된 지원자 면접이 끝나고 일주일 후에 연락을 준다고 했다. 느낌이 좋았다. 면접관들이 나를 마음에 들어 하는 눈치였다. 정확하게 같은 업무는 아니지만 비슷한 영업과 무역경험이 있어서 충분하다고 여겨주었다.

그래도 기다리는 시간은 초조했다. 일주일간 연락이 안 오면 어쩌나 떨어지면 어쩌나 생각하며 불안해했다. 계속해서 입사 지원을 하기도 했다. 일주일 후, 인사팀에서 메일이 왔다. 합격이다. 가족, 친구들과 잘 연락하지 않았기 때문에 같이 기뻐해 줄 사람은 없었다.

계약서에 서명하러 회사에 다시 갔다. 지난번 잘못 안내해준 인사팀 직원과 눈이 마주쳤다. 다른 업체에서 미팅 온 직원으로 착각했다며 사과했다. 합격한 마당에 그깟 일이 서운할 리 없었다. 계약서는 두꺼웠다. 업무 내용 뿐만 아니라 회사에서 지원하는 건강보험 약관도 자세하게 기록이 되어있었다. 앞으로 Cisco Systems APAC 오더 관리 분야에서 일하게 되었다.

할 일 없이 노는 데 지쳐 하루라도 빨리 일을 시작하고 싶었지만, 계약서에 표시된 입사일은 한 달 뒤였다. 회사에서는 취업비자를 준비할 시간이 필요하다고 했다.

어찌 되었든 이제 나도 일을 할 수 있다고 생각하니 감회가 새로웠다. 업무 환경이 그렇게 좋다고 들은 싱가포르 회사에서 말이다. 한국에서 희망을 찾아 직장을 옮겨 다녔던 생각이 났다. 더는 갈 데가 없어 포기하는 마음으로 호주에서 지냈던 일도 떠올랐다. 좋은 환경에서 새롭게 시작하게 되어 돌아오는 발걸음이 가벼웠다.

꿈을 품고 뭔가를 할 수 있다면 그것을 시작하라.

새로운 일을 시작하는 용기 속에

당신의 천재성과 능력과 기적이 모두 숨어있다.

_괴테

자존감도 조금 살아나고 있었다. 나도 아직 할 수 있다. 나이는 숫자에 불과하다. 과거가 안 좋다고 해서 미래도 안 좋지만은 않을 것이다. 안 좋은 과거는 없다. 다만, 안 좋다고 여기는 과거가 있을 뿐이다.

초조하지 않았다

익숙해지지 않는 새로움과 낯섦

같이 사는 어린 동생들과 조금은 안면을 트기는 했으나 주로 방에서 시간을 보냈다. 낮에는 너무 더워 밖에 나가고 싶지 않았다. 유튜브에 썰전과 법륜스님의 즉문즉설을 주로 보며 시간을 보냈다. 침대에 종일 누워 스마트폰만 보다 보면 팔이 아팠다. 그래서 심카드 살 때 사은품으로 받은 셀카봉에 폰을 끼워서 침대에 고정했다. 그렇게 하면 말 그대로 손 하나 까딱하지 않고 눈앞에 폰을 볼 수 있었다. 몸은 편하지만, 마음이 지쳤다. 심심하고 외롭고 공허했다. 한참을 유튜브와 시간을 보내다 보면 해가 지기 시작했다. 이제 나갈 시간이다. 계속 누워만 있으면 밤에 잠도 안 온다. 뭔가 해야만 했다. 밖에 나왔다. MBS 주변 야경을 보며 걸으면 기분이 좀 나아졌다. 그래도 혼자만 지낼 수는 없었다. 사람을 만나고 활동을 좀 해야겠다고 생각했다.

싱가포르 사람 중에 한국어를 배우고 싶어 하는 사람들이 의외로 많았다. 한국어 학원도 인기가 많았다. 개중에는 모임을 만들어 한국 사람과 싱가포르 사람이 만나서 서로 영어와 한국어를 교환하기도 했다. 이거다 싶었다. 심심함에서 나를 구원해 줄 수 있어 보였다. 모임에 신청하고 모임 장소로 나갔다. 한국 사람 둘에 싱가포르 사람 3명이 모였다. 의외로 싱가포르 사람들의 한국어 실력이 대단했다. 내 영어 실력보다는 그들의 한국어 실력이 나아 보였다. 그래서 나는 한국어로 대화했다. 나는 관심을 많이 받았다. 일단 한국 사람이다. 그리고 한국어를 잘한다. 나이가 많지만, 그만큼 경험이 많아서 많은 이야기를 해줄 수 있었다. 나도 오랜만에 입을 열고 사람들과 대화할 수 있어 좋았다.

싱가포르 친구들과 밥 먹고, 수영장에 갔다. 같이 관광지를 가면 친구들이 안내해주고 설명도 해 주었다. 때로는 한국친구들처럼 같이 술 마시며 깊은 대화를 하기도 했다. 대부분 나보다 5~10살은 어린 친구들이었다. 아직 학생인 친구들이거나 이제 첫 직장에서 일하는 친구들이었다. 국적이나 문화는 다르지만, 인생 선배로서 해줄 얘기가 많았다. 친구들도 나에게 듣고 싶은 이야기가 많았다. 친구들은 매일 나에게 연락해 주었고 절대 심심하거나 외롭지 않게 되었다.

어느 날, 싱가포르 한국 모임에서 클럽에 가기로 했다. 싱가포르의 유흥을 경험할 수 있다고 생각되어 참여하게 되었다. 먼저 술 뷔페 집에 가서 몸을 취하게 했다. 일본인이 운영하는 술집인데 우리 돈으로 3만 원 정도 입장료를 받고 있었다. 2시간 동안 자유롭게 술을 마실 수 있었다. 배가 불러서 생각보다 많이 취하게 마시지는 못했지만, 싱가포르 술값은 워낙 비쌌기 때문에 비교적 가성비가 나쁘지 않았다. 클럽 앞에는 줄이 길게 서 있었다. 친구 중 한 명이 예약했는지 우리는 줄을 서지 않고 바로 들어갔다. Altitude라는 곳인데 클럽 이름처럼 30층이 넘는 곳에 있었다. 창 너머로 멋진 야경이 보였다. 비싼 입장료에도 불구하고 사람이 많았다. 여러 인종이 있었는데 주로 중국계, 인도계 사람들이 많았다. 그리고 소수 백인이 보였다. 왠지 어색했다. 술이 덜 취해서 그랬는지 너무 오랜만이라 그런지 아니면 외국인이 많아서 그랬는지 이유를 모르겠다. 적지 않은 돈을 들어서 여기까지 왔는데 잘 못 놀았다. 몸이 잘 움직이지 않았다. 외로움에 지쳐 몸을 좀 움직이고 싶었던 마음과는 달리 몸이 따라주지 않았다. 외국인들의 시선이 낯설어 그랬던 듯하다. 춤추는 시늉 좀 하다가 의자에 앉았다. 나와 같은 마음인지 한국친구들 몇몇이 앉아있었다. 우리는 이야기 했다. 굳이 시끄러운 클럽 안에서 소리높여 이야기했다. 어색함과 낯섦보다는 익숙한 한국인들과 한국어로 대화했다. 다음날 노래방에서 광란의 밤을 보낸 것처럼 목이 쉬어 있었다.

집주인이 운영하는 집중에 직장과 가까운 곳으로 이사하게 되었다. 또 다른 낯섦이다. 방이 10개쯤은 되어 보이는 집이다. 복층 집으로 각층이 30평쯤은 되어 보였다. 집에 20대 중반으로 보이는 청년이 있었다.

"안녕하세요."

"네, 안녕하세요."

초면에 더 묻기에는 부담될까 봐 바로 방으로 들어갔다. 짐 정리 하고 물 마시러 나왔다. 마침 그 청년도 나왔다.

"안녕하세요. 장문식이라고 합니다."

"안녕하세요. 김도형입니다."

"근처에 회사 다니게 되어서 이사 왔어요. 원래 탄종파가에 집주인이 운영하는 집에 살다가 왔어요."

"아, 네. 저는 이 집에 산 지 1년 정도 됐어요. 시내 쪽에서 요리사로 일하고 있어요."

"아 그러시구나, 좋은 일 하시네요. 저도 곧 현지 회사에서 일하게 되었어요."

"네, 그래도 사무직이라 좋으시겠네요. 나이가 어떻게 되시죠? 저는 25살입니다."

"저는 34살이에요."

"네? 그 나이에 왜 한국에 정착 안 하시고 여기 오셨어요?"

"네, 그게 말하자면 긴 얘긴데요."

다니면서 만나는 사람들과 10번쯤 나눈 대화를 다른 대상과 반복했다. 다른 점이 있다면 이제는 나갈 직장이 있다는 점이다. 싱가포르에서 처음 두 달은 일을 하지 않았다. 처음 한 달은 근로 계약 없이 있었다. 아닌 척하고 싶었지만, 항상 분주했다. 더는 입사 지원을 할 데가 없으면 또 다른 무언가라도 해야 했다. 여기서 안 되더라도 인근 필리핀에 가서 취직하리라 마음먹었다. 이렇게 생각하면 불안한 마음이 좀 누그러들기는 했다. 하지만, 아는 사람 하나 없는 낯선 곳에서 아무 할 일 없이 가만히 있는 이유도 없이 날 초조하게 만들었다.

다행이기도 한 달쯤 되던 날, 근로계약서에 사인했다. 마음의 짐이 좀 덜어졌다. 앞으로도 생존할 수 있음에 안도했다. 일을 당장 시작하는 건 아니었다. 첫 출근일은 앞으로 한 달 뒤로 예정되어 있었다. 지금까지 그랬던 것처럼 앞으로 한 달도 할 일이 없기는 마찬가지였다. 그나마 입사 지원도 할 필요가 없어졌으니 더 할 일이 없었다. 그간 한 달 동안은 초조했다면 남은 한 달은 여유가 생겼다. 더 친구들 사귀는 데 집중했다. 용돈 쓰는 일이기도 덜 부담을 느꼈다. 이제 돈도 벌면 되는 것이었다.

감정의 변화는 마음먹기에 달려 있었다. 아무도 모르는 곳에서 처음 일자리를 찾아 헤매던 한 달은 불확실성과 통제되지 않는 변수들로 인해 마음이 괴로

왔다. 일자리가 확정되니 남은 한 달은 덤으로 주어진 방학과 같았다. 변한 건 없다. "일자리가 있다 없다."라는 관념만 바뀌었을 뿐이다.

취업 전까지 할 일이 없어 침대에 누워 유튜브를 많이 봤다. 주로 법륜스님의 즉문즉설을 봤는데, 불확실한 미래에 대한 불안에 위로를 받고 싶어 그랬는가 싶다. 법륜스님은 어떤 질문을 해도 바로바로 속 시원한 해결책을 주었다. 여러 케이스를 듣다 보니 반복되는 개념이 있었다. 중생의 번뇌는 어려서부터 형성된 카르마로부터 비롯된 것이다. 부처는 2,500년 전 이미 모든 일은 마음먹기에 달렸다고 가르쳤다. 2,500년이 흘렀지만, 아직도 나는 그 가르침에 도달하지 못하고 있다.

다시 시작하다

첫 출근 날, 그동안 게으른 습관이 몸에 배어 일찍 잘 일어날 수 있을까 하는 걱정의 마음으로 시계를 보았다. 오전 다섯 시 30분, 아직 여유가 있었다. 낯선 외국 땅에서 첫 출근을 한다고 생각하니 심장이 빨라 뛰기 시작했다. 한 시간은 더 잘 여유가 있었지만, 정신이 점점 또렷해져 갔다. 이불을 박차고 일어났다. 샤워하고 다려놓은 셔츠를 입었다. 머리까지 왁스로 완벽하게 넘긴 후 집을 나섰다. 가벼웠지만 무거운 발걸음이었다. 새로운 시작은 언제나 기대와 두려움이 함께한다. 정류장에 도착했다. 창고에서 일하는 사람들인지 회사 셔츠를 입고 있는 사람들이 많았다. 버스 시간을 알지는 못했지만, 사람들 탈 때 같이 타면 되겠다 싶었다. 3대 정도 낡은 다른 회사 버스들이 지나갔다. 다음 회사 버스가 보였다. 버스는 크고 깨끗했다. 어깨를 당당히 펴고 버스에 올랐다. 면접 때도 같은 버스를 탔지만, 기분이 달랐다. 버스 안에 있는 사람들은 이제 내 직장 동료들이었다. 버스가 회사에 도착했다. 다시 한번 보는 거대한 규모에 감탄했다. 누군가의 설명을 빌리자면 아시아에서 가장 큰 물류센터라고 했다.

인사팀 직원의 안내를 받아 사무실에 들어왔다. 팀장에게 나를 소개했다.

"Hi Wilbert, this is new comer Mr. Munsik Jang. Please welcome and show him around."

"Oh hello, congratulations. We've interviewed few more candidates and you are the one today."

"Follow me. I will introduce you to the team members."

Cisco Systems 부서에는 40여 명의 직원이 있었다. 면접 때 보았던 팀장은 부서원 하나하나 소개해주며 인사시켜 주었다.

"Hi my name is Munsik from Korea. Nice to meet you."

"Hi, my name is Lyanah. Nice to meet you too. Do you know Song Joong Gi?"

몇몇 직원들은 한국에서 온 나를 반갑게 맞이했다. 한국에 관해 관심이 생각보다 컸다. 특히 여자들은 한국 방송을 많이 보는듯했다. 드라마 배우, 가수, 예능에 나오는 연예인 아느냐고 물어봤다. 평소 TV를 잘 안 보던 터라 기대했던 것만큼 반응해 주지 못했지만, 한류 덕분에 호감을 주었고 쉽게 친해질 수 있었다.

본격적인 교육이 들어가기 전 며칠은 할 일이 없었다. 주로 기존 사원들 옆에 앉아서 하는 일 구경 하는 게 일이었다. 직원들은 나에게 일을 가르쳐주기보다는 사적인 이야기들을 주로 나누었다. 왜 싱가포르에 왔는지, 싱가포르에 대한 인상은 어떤지 등 부담 없는 주제들이었다.

업무 분위기는 우리나라 회사에 비하며 자율적이었다. 대부분 정시에 출근하고 퇴근했다. 야근은 거의 없었고 혹시 있으면 자원을 받고 그에 따른 추가 보수를 지금 받았다.

교육이 시작되었다. Cisco Systems라는 네트워크 장비회사가 물류와 서비스 부분을 DHL에 위탁했다. DHL은 세계 최대의 물류 회사로서 저비용에 고품질의 서비스를 제공할 수 있었다. 나는 DHL에 소속되어 Cisco 서비스 업무를 하게 된 것이다. 전 세계에 Cisco 장비를 쓰는 회사에서 문제가 생기면 우리에게 전화나 이메일로 연락이 온다. 고객사와의 서비스 계약관계를 확인해 보고 필요에 따라 장비를 교체해 주거나 엔지니어를 파견한다. 최대한 빠른 시간에 정확한 서비스를 제공하는 게 관건이었다. 이를 위해 계약의 종류와 이에 따른 서비스를 교육받았다. ERP 시스템에서 오더를 접수하고 출고하는 방법을 배웠다. 다음은 전화 받는 방법, 이메일 작성하는 방법, 특별한 요청이 있는 경우 대응 방법 등을 배웠다.

처음에는 배우기만 했다. 기초적인 오더 입력 정도만 실전으로 연습하고 나머지 사항은 구체적으로 하나하나 배웠다. 교육팀이 따로 있었다. OJT도 병행했지만, 교육에 있어서 책임은 교육팀에 있었다. 이론 수업을 하고 미션을 주면 OJT와 함께 해보게 된다. 부족한 부분은 기존 직원에게 물어보거나 교육팀에 물어봐 채웠다.

조직문화의 차이가 교육에 있구나 싶었다. 직원들과의 관계가 수평적이었다. 전에 경험한 우리나라 회사에서는 주로 선배에게 배웠다. 군대처럼 사수 부사수 구조로 되어있었다. 사수의 노하우와 정보는 힘이었다. 처음 입사한 부사수는 사수에 비하면 어린아이와 같을 뿐이다. 군대로 치면 이등병과 다른 바가 없었다. 부사수의 학습 정도는 사수의 책임이 되어 기대에 못 미치면 사수와 연대로 책임을 나누어 갖는다. 회사든 군대든 자연스럽게 상하관계가 생기게 된다. 회사에서도 군대 못지않게 갈굼이나 괴롭힘이 생기게 된다. 교육만 분리가 되어도 구조가 변할 것으로 생각이 되었다. 기존 사원은 후배 양성보다는 본인 성과에 집중하면 된다. 신입사원은 선배에게 눈치 보며 배우는 게 아니라 당당하게 교육팀으로부터 배울 수 있다. 근무하는 내내 다음 단계 교육은 교육팀을 통해서만 이루어졌다. 나는 내 단계에서 배운 것을 활용하여 성과를 내기만 하면 되는 것이었다. 기대한 만큼 성과를 못 낸다 해도 오로지 내 책임일 뿐 다른 사람이 관여할 게 못 되었다.

사람으로 인한 스트레스는 없었지만, 업무가 쉽지는 않았다. 모든 게 영어로 되어있었다. 동료들과 영어로 소통했다. 교육도 영어로 받았다. 물어볼 때도 영어로 물어보고 영어로 답을 받았다. 고객들도 영어로 요청했다. 고객의 오더를 확인하려 해도 협력사에 영어로 물어봐야 했다. 처음 전화를 받기 1주 전부터는 잠도 잘 못 잤다. 출퇴근하는 내내 멘트를 연습했다.

"Cisco Systems APAC Logistics, Munsik speaking, How can I help you?"

Logistics 발음이 안 됐다. 아무리 연습해도 로지스틱스 발음이 꼬이기만 했다. 외국 사람과 전화로 통화할 생각을 하니 과연 잘 알아들을 수 있을지도 걱정이 되었다. 한국에서 해외업무를 해봤고, 직전 호주에서 농장 팀장으로 영어로 업무 해봤음에도 여전히 걱정되었다. 한국인 특유의 영어 울렁증이 아닌가 생각이 되었다.

첫 전화 받는 날, 첫 출근 때보다 더 긴장되었다. 만약을 대비해서 옆에 팀장이 대기하고 있었다. 든든하다는 생각보다는 면접 때 부풀려진 영어 실력이 탄로 날 것 같아 불안만 가중되었다.

전화벨이 울렸다.

"Cisco Systems APAC Logisti. ah, sorry, my name is Munsik, How can I help you?"

걱정했던 로지스틱스 발음이 제대로 안 나왔다. 성대를 통과한 공기는 과도하게 떨려 염소 울음소리처럼 나왔다. 옆에 동료들이 웃는 소리가 들렸다. 고객이 하는 말이 귀에 안 들어왔다. 다행히 옆에 팀장이 할 말을 일러주었고 그대로 복창했다. 번지점프라도 한 듯한 기분이었다. 짧은 통화가 왜 그렇게 길게 느껴졌는지 모르겠다.

팀장에게 혼날 게 걱정이 되었다. 우리나라 회사였으면 혼날 일이 맞았다. 태연한 척 애썼지만, 심장이 쪼그라들고 있었다. 의외로 팀장은 격려를 해주었다.

"You did well Munsik, like I told you on the call, just need to create the order and send them email with the schedule."

옆에 동료들의 격려도 기억한다.

"We did it same at the first time regardless of English proficiency. Don't worry, you will get hang of it soon."

일주일 정도 지나니 적응이 되기 시작했다. 로지스틱스 발음도 점점 자연스러워졌다. 어려운 영어도 반복되니 어려운 게 아닌 게 되어갔다. 여전히 고객이 빠르게 이야기하면 못 알아들었지만 감을 잡을 수 있었다. 제한된 제품에 제한된 상황이다 보니 감으로 때려 맞추어도 많이 벗어나지 않았다.

업무 후에는 회사에 있는 헬스장에 가서 턱걸이했다. 헬스를 하면 멋진 몸도 만들고 더 좋겠지만 지루했다. 한국에서 헬스를 여러 번 등록했지만, 작심삼일이 대부분이었다. 반면에 턱걸이는 몇 개만 해도 힘이 들어 오래 할 수가 없었다. 5분 안에 체력을 바닥낼 수 있었다. 짧은 시간에 지루하지 않게 몸을 유지할 수 있어 좋았다.

그리고 집에 가면 취미 생활을 했다. 기타 치며 노래하고, 법륜스님 말씀을 들었다. 전자책 덕분에 한국 책을 어렵지 않게 구해 보기도 했다. 방 친구들과 식사하며 얘기하기도 하고 맥주를 즐기기도 했다. 취업 전 놀았던 싱가포르 친구들도 가끔 만나서 데이트를 하기도 했다.

쉬는 날에는 수영장에 갔다. 1년 내내 여름인 싱가포르에는 야외수영장이 많았다. 대부분 정부에서 운영되었는데 요금이 천원도 안 되었다. 영법을 하며 체력 단련을 하기도 했지만, 물에 둥둥 떠서 맑은 하늘을 보는 여유도 즐겼다.

부모님과 연락을 끊고, 한국을 멀리했다. 모태신앙인 기독교 설교보다는 법륜스님 법문을 가까이했다. 힘든 과정을 겪었지만, 부족할 게 없는 생활이 시작되었다. 크게 성공 안 해도 되니 앞으로 이 정도로만 살아도 좋겠다는 생각이 들었다.

일과 생활의 균형을 찾았다. 시작이 이 정도니 앞으로 더 좋아질 것 같았다.

사랑하기 때문에

그녀와 더 행복한 미래를 욕심내다 보니

처음 출근하던 날, 갈 길을 몰라 헤매던 내게 어떤 여직원이 말을 걸었다.

"안녕하세요. 참 신뢰가 가게 생겼네요."

한국인이었다. 반가운 마음에 웃으면 인사를 건넸다.

"안녕하세요. 감사합니다. 오늘 처음 출근했어요."

A와의 인연은 그렇게 시작되었다. 같은 사무실에 다른 부서에서 일하고 있었다. 나보다 불과 1주일 먼저 들어왔지만, 적응을 빨리하는 스타일인지 1년 이상 일한 직원처럼 보였다.

첫눈에 반하지 않았다. 서로에게 약간의 호감만 있었다. 동료들과 식사하러 가면 가끔 대화할 기회가 생겼을 뿐 따로 만나는 사이는 아니었다. 시간이 지나면서 자연스럽게 친해졌다. 개인적으로 연락하는 경우가 생기기 시작했다. 가끔은 만나서 식사를 하는 일도 생겼다.

그러던 어느 날 휴일에 점심을 같이 먹고 헤어졌다. 집에 돌아왔는데 사진 하나가 카톡을 통해 날아왔다. 밥 먹고 나와서 어플로 찍었던 사진이었다. 얼굴을 대면 코 주변에 고양이 수염과 토끼 머리띠가 생겨나는 그림이었다. 사진 속에 우리는 행복했다. A는 인형처럼 아름다웠다. 그날부터 잠을 잘 자지 못했다. A가 보고 싶었다.

요동치는 마음을 주체할 수가 없었다. 30대 중반이나 되어서 사춘기처럼 왜 이럴까 걱정도 되었다. 9살이나 어린 A에게 이러면 안 된다고 죄책감도 들었지만 고백하고 말았다. 거절당했다. 한국 나이로 25살에 9살 많은 노총각이랑 연애를 생각하는 게 쉬운 일은 아니란 생각이 들었다. 하지만 멈추지 못했다. 끈질긴 애정 공세에 A는 내 여자친구가 되었다. 3개월이 걸렸다. 그동안 천국과 지옥을 수백 번 왔다 갔다 했다. 조금의 여지만 보여도 콧노래가 절로 나왔지만, 그렇지 않으면 술 없이 견딜 수 없는 나날이었다.

A와의 하루하루는 행복했다. 조그마한 얼굴에 눈, 코, 입이 오밀조밀 귀엽게 생겼다. 애교 섞인 말투, 살가운 스킨십, 다툼이 있어도 결국에 우리는 타협했다. 완벽은 아니었지만, 아주 만족스러웠다. 점점 내 삶의 우선순위는 A로 결정짓게 되었다. 사랑이라는 개념이 존재하는지는 모르겠지만, 만족스러운 내 마음을 표현할 단어가 마땅히 없다는 생각이 들었다. A와 함께 손잡고 걸으면 행복하다는 생각뿐이었다. 버릇처럼 A에게 말하기도 했다.

"미래는 우리가 어떻게 될지 알 수 없지만, 어쩌면 지금 이 순간이 우리 인생에서 가장 행복한 순간일 수도 있다는 생각이 들어."

A는 버릇처럼 함께하는 미래를 이야기했다.

"오빠같이 자상한 사람이랑 평생 함께하면 좋겠다. 결혼한다면 오빠 같은 사람이랑 하고 싶어."

이렇게 넘치는 행복을 주는 여인이랑 평생을 함께한다면 좋을 것 같았다. 이보다 행복한 인생은 없을 거라는 생각이 들었다. 그리고 나 못지않게 나를 좋아해 주는 A에게 고마웠다.

마냥 좋아하기에는 스스로가 초라했다. 도망자와 다르지 않은 삶을 살고 있었다. 2년 이상 부모님과 연을 끊고 살고 있었다. 모아놓은 돈은 교회 헌금으로 기부했고, 그나마 조금 남은 돈도 떠돌며 시나브로 없어졌다. 결혼하기에는 불가능한 상태였다. 사랑하는 여인에게 아무것도 없는 그저 마음만을 주기에는 부족해 보였다.

한국에 가야 할 이유가 생겼다. 부모님을 찾아뵐 이유가 있기 때문이다. 휴가를 신청하고 비행기표를 샀다. 부모님께 연락할 용기는 나지 않았다. A만 생각하면 꼭 해야 하는 일이었지만, 그간 부모님과 싸인 벽이 높게만 보였다. 민망했다. 종교적인 견해 차이로 평생 안 볼 것처럼 떠났다가 필요하니 찾는다는 모습이 염치가 없었다. 사리사욕에 눈이 먼 간신배와 내가 무슨 차이가 있을까 싶었다.

그나마 가끔 연락하고 지내던 누나에게 갔다.

"누나, 나 여자친구 생겼어. 여자친구가 너무 좋아. 여자친구도 나 많이 좋아하고. 나 결혼하고 싶어. 부모님께 말씀드려야 할 것 같아."

"그래, 찾아가. 부모님이 네 걱정 많이 하셔."

용기를 내어 고향행 기차에 몸을 실었다. 가는 내내 전화기를 붙잡고 창밖만 바라보았다.

"우리 열차는 잠시 후 홍성역에 도착하겠습니다. 미리 준비하시기 바랍니다. 고맙습니다."

기차에서 안내방송이 나왔다. 더는 늦출 수 없어 전화기에 통화버튼을 눌렀다.

"여보세요?"

"이 아들이여?"

"네."

"오디여?"

"이제 홍성역에 내려요."

"그려. 쫌만 있어. 아빠가 데리러 갈게."

부모님과의 마음의 벽은 나 혼자 가지고 있었던 모양이다. 부모님은 아무 일 없었다는 듯이 대해주셨다. 종교 얘기도 미래얘기도 없었다. 그간 호주에서 일한 이야기들과 싱가포르로 넘어간 얘기를 해드렸다. 여자친구가 생겼다는 말에 땅이라도 팔아서 돈 좀 마련해 보겠다고 말씀해 주셨다. 아들로서 효도는 못 할망정 멋대로만 살다가 필요할 때 와서 한밑천 가져가려는 것 같아 죄송스러웠지만, 사랑하는 여자와 결혼해서 행복하게 사는 게 어떻게 보면 더 효도일 수도 있다고 합리화하기로 했다.

부모님과 관계를 회복하고 결혼에 대한 그림도 어느 정도 마련이 되었다. 희망을 품고 싱가포르에 돌아왔다. 창이공항 유리문 너머로 여자친구가 보였다. 2주간 영상으로만 보던 내 귀염둥이 역시 실물이 더 빛이 났다. 여자친구에게 반지를 선물해 주었다. 면세점에서 작지만 다이아가 박힌 반지를 준비했다. 변치 않는 마음을 표현하고 싶었다. 이제 자신 있게 얘기했다.

"우리 결혼할 수 있을 것 같아. 아직 자리를 못 잡은 면이 있지만 부족한 부분은 부모님도 적극적으로 도와주신다고 했어."

"한국에서 같이 일했던 선배들도 만났는데, 고맙게도 마음만 있으면 같이 일하자고 하더라고."

"응, 그래."

그간 A는 나와의 미래에 대해 자주 언급해왔다. 그때마다 준비되지 않은 내 모습을 비관하며 깊은 얘기를 회피해 왔다. 한국을 다녀오고 부모님과 주변인들에게 희망을 품고 왔다. 머지않은 미래에 결혼해서 행복하게 살 수 있다는 기대를 하고 돌아왔다. A의 대답이 예상과 달리 시큰둥했다. 이후 절대 결혼하고 싶다고 보채지 않았다.

나중에 안 사실이지만 현실적으로 결혼이 다가오니 겁이 났다고 한다. 아직 20대 중반인 나이에 결혼한다고 생각하면 포기할 것도 많았다고 느꼈던 모양이다. A의 나이에 내 모습을 떠올려 보면 이해가 갔다. 당시 4년간 교제하던 여자친구는 나와 결혼하고 싶어 했지만, 나는 특별한 생각이 없었다. 이제 사회생활 시작했기에 결혼으로 포기해야 할 자유와 짊어져야 할 책임이 무겁게만 느껴졌다. 나로서는 절대 할 게 없다는 생각이 들었다. 굳이 결혼을 서두르지 않아도 만족하고 충분히 좋았다. 그렇게 지냈어야 했다.

하지만 욕심을 냈다. 내가 빨리 자리를 잡고 안정이 되면 A도 그 시간 동안 하고 싶은 것 해보고 내게도 올 수 있을 거라는 생각이 들었다.

싱가포르에서 다른 일을 시작해보려 했다. 집주인의 도움으로 한국인 상대로 방 장사 하는 노하우를 배웠다. 집을 렌트해서 파티션으로 적절히 공간을 나누면 더 많은 사람을 수용할 수 있었다. 그리고 저렴한 가격으로 인터넷에 올리면 공실 걱정 없이 운영할 수 있었다. 집주인과 집을 보러 다녔다. 여자친구와의 미래문제로 고민하는 나를 위해 집주인이 도와주려 한 것이다. 갑작스럽게 그해 5월 중순 법 개정이 생겼다. 한 집에 집주인 외에 6명 이상 거주할 수 없게 되어버린 것이다. 수지타산을 맞추려면 적어도 4개 방 집이면 8명 이상은 받아야 하는데 법 개정으로 예전과 같은 수익을 기대할 수 없게 되었다.

다른 사업의 기회도 있었다. 한국인이 운영하다가 귀국의 이유로 내놓은 식당이나 사업체들이 있었다. 큰 위험이 따르기는 했지만, 단시간에 상황을 바꾸려면 모험이 필요했다. 호주에서 식당 요리사 경험도 없으니 못할 것도 없다고 생각되었다. 모아놓은 돈과 부모님 도움을 좀 받아 해보려 했으나 집주인의 만류로 포기했다. 잘 되는데 매매에 나오는 사업체가 있을 리 없다는 이유였다. 경험 없는 내가 시작하기에는 위험이 컸고 망했을 시에는 회복이 어려울 게 뻔해 보였다.

남은 방법은 하루빨리 한국에 돌아가 자리를 잡는 것이었다. 회사생활은 뻔해 보였다. 뻔한 수입으로는 뭔가를 바꿀 수 없다는 판단이 섰다. 일단 돌아가서 무엇을 할 수 있을지 보고 싶었다.

제5장

거꾸로 강을 거슬러 오르는
저 힘찬 연어처럼 귀국

아버지의 사업

20년째 보험을 파는 아버지

어릴 적 부모님은 세탁소를 했다. 우리 네 식구는 가게 안쪽에 있는 단칸방에서 지냈다. 연탄 보일러를 사용했고 석유 고로를 이용해 요리했다. 원래 흑백 티비가 있었는데 국민학교에 입학할 즈음에 아버지가 어디선가 컬러 티비를 얻어오셨다. 아버지는 주로 가게에서 드라이클리닝 기계를 돌리고 다림질을 했다. 어머니는 방에서 재봉틀 기계를 다루셨다. 커서 듣기로는 어머니는 나를 임신하고 출산 통증이 시작할 때까지 일했다고 한다. 돈이 필요하기도 했고 손님과의 약속을 지키기도 해야 했다. 본업만큼이나 신앙생활에도 열심이셨다. 밤새 일을 하고 한숨도 못 잔 채 새벽기도회에 나가는 일도 잦았다고 한다. 수요일이나 일요일 저녁 예배에 참석하기 위해 나와 누나를 근처 큰어머니 댁에 맡기기도 했다. 당시 시골에서 사는 수준이 비슷비슷했다. 옆집에 친구네 놀러 가도 비슷한 단칸방에 비슷한 살림살이였다. 넉넉한 편은 아니었을지라도 돈벌이가 나쁘지는 않았던 것 같다. 4살 때 2층 양옥집을 지어 이사 갔다. 집이 다 지어지고 부모님과 집을 보러 갔던 게 기억난다. 나무로 둘러진 벽과 넓은 거실, 그리고 방이 세 개나 있다는 사실이 신기했다. 티비에서만 봐왔던 꿈같은 집을 눈앞에서 본 것이다.

이상하게도 우리는 아래층 좁은 집으로 이사했다. 방 크기가 조금 커졌을 뿐 여전히 단칸방이었다. 윗집에는 모르는 사람들이 들어왔는데 당시에는 그분들이 실제 집주인인 줄 알았다. 부모님은 한계 없이 열심히 일했다. 아침 일찍 일터에 나가서 밤늦게 돌아왔다. 누나와 같이 밥해 먹고 부모님 오시기만을 기다렸다. 누나와는 매일 리모컨 전쟁을 했다. 같은 싸움이 반복되어 하루씩 리모컨 주인을 번갈아 가며 사용하기도 했다. 며칠은 조용히 지나갔을지 모른다. 둘 중에 하나라도 헷갈리면 또 싸웠다.

부모님은 어렵게 결혼생활을 시작하셨다. 8남매를 기르신 할머니에게 결혼한다고 받을 게 없었다고 했다. 열심히 일해서 자식들 키울 수는 있었지만, 가난을 벗어나기가 쉽지 않았다. 이를 개선하고자 여러 시도를 했다. 집이 지어지고는 1층 상가에 비디오와 만화방을 차렸다. 세탁소 사업을 하면서 병행했다. 나는 좋았다. 세탁소 일로 바쁜 부모님은 나에게 가게를 맡기는 일이 잦았다. 나는 사장이라도 된듯했다. 보고 싶은 비디오 만화를 마음껏 봤다. 손님도 많지 않아서 할 일이 많지도 않았다.

1년을 못 넘겼다. 투자금만 날리고 재고를 처분했다. 비슷한 시점에 다른 세탁소 사장들과 함께 세탁소 공장을 차렸다. 지금은 대중화된 시스템이지만 당시에는 세상에 없었다. 세탁소에서는 물건을 접수하고 공장에서 대량으로 세탁해 단가를 낮추는 방식이었다. 그 일을 시작하시고는 아버지는 잠을 잘못 잤다. 일거리가 많지 않아 공장은 얼마 가지 않아 문 닫았다. 아버지는 투자금을 회수하려 다니셨지만, 기계와 시설 구매에 투자된 돈은 되팔 때 헐값이 되었다.

이때부터 부모님은 경제적으로 많이 힘들어했다. 잇단 사업실패로 빚이 늘어가 감당하기 어려웠다. 용돈을 조금이라도 더 타려 하면 어머니는 빚 내역을 읊어주었다. 나도 덩달아 우울했다. '왜 우리 집은 돈이 없지. 왜 빚만 이렇게 많을까? 정말 내가 나중까지 갚아야 하는가?'

세탁소 일은 꾸준했다. 십 년 넘게 해왔으니 전문성이 있었고, 손님과 약속을 지키려 부단히 애썼다. 단골손님이 많았고 때때로 100만 원이 넘는 대형수주도 있었다. 어머니는 매일 장부를 쓰셨다. 평균 2~30만 원 수입이 있었다. 나쁘지 않았지만 오랜 육체노동으로 부모님의 몸이 망가지고 있었다.

육체노동에 한계를 느낀 아버지가 보험회사 설계업을 시작했다. 당장은 어떻게 될지 모르니 세탁소도 병행했다. 퇴근하고 집에 오면 어머니에게 계약한 일을 말해주었다. 처음에 월급이 얼마 안 되었는데 몇 년 안 되어 500만 원이 넘어갔다. 5년쯤 되니 연봉 1억이 넘어갔다. 환갑이 넘은 지금도 그 수입을 유지하고 있다. 집안 사정이 바로 좋아지지는 않았다. 빚이 많이 있었다. 누나와 나는 점점 많은 돈이 필요했다. 결정적으로 대학을 가게 되니 필요한 돈의 액수가 커졌다. 두 대학생의 등록금과 객지에서의 생활비는 감당하기 힘들었을 거라 생각된다.

올해로 보험 일을 시작한 지 20년이 되었다. 좁은 시골 동네에서는 우리 아버지가 보험 일을 오래 하신 거로 다 알고 있다. 빚이 다 청산되었다. 시골 아저씨치고는 적지 않은 돈을 벌어왔다. 그런데 여전히 잘 사는 집처럼은 보이지 않았다. 어머니에게 물어봤다.

"엄마, 아빠는 연봉이 높은데 왜 우리는 그 정도 수준에 안 사는 것처럼 보여?"

"워낙 없이 시작해서 그렇지 뭐. 결혼할 때 맨몸으로 시작해서 그래. 좀 해보겠다고 중간에 돈 없앤 것도 있고, 자식 키우다 보면 들어갈 돈이 많기도 해."

주변 친구들에게 듣기로는 부모님이 좋은 일을 많이 한다고 한다. 형편이 어려운 세입자에게 세를 안 받기도 하고, 어려운 사람을 직접 지원해주기도 한다고 한다. 교회 일에도 앞장서 헌금뿐 아니라 활동에 참여하시기도 한다. 당장 내가 아니고 남이나 교회에 쓰이는 돈과 노력이 아깝게 생각하기도 했다. 그 돈이 모였으면 우리 생활이 달라졌을 거라는 생각이 들었다. 부모님은 번 돈과 시간을 본인들이 가치 있다고 생각되는 곳에 쓴 것일 뿐이다. 거기에 보람을 느끼고 만족하는 모습을 보면 자식으로서 흐뭇하다.

나는 아버지의 직업이 자랑스럽지 않았다. 세탁소 일은 다른 직업에 비해 사회적 지위가 낮은 일로 느껴졌다. 새로 시작한 보험영업 역시 큰 가치를 느끼지 못했다. 중간에 잠깐 스친 비디오가게가 제일 자랑스럽게 여겨졌다. 부모님 직업에 대한 인식 변화는 오랜 시간이 걸렸다. 부모님은 신앙 안에서 더불어 살기 위해 최선을 다했고 삶에 대해 만족해한다. 그럼 된 것이다. 여기까지 오기도 쉬운 일이 아니다. 삶에 대해 만족하고 가는 인생이 흔하지 않을 거라 생각된다.

아버지 연배 분들은 대부분 퇴직했다. '나'라는 존재는 어떤 일을 하는 사람으로 대변되기도 한다. 우리나라 정년 나이는 55세라고 한다. 그나마 대기업에서는 승진하지 못하면 그 전에 회사를 나와야 한다고 한다. 정년 전까지 평생 직장 안에서 쌓아온 사회적 지위는 퇴직과 동시에 없어진다. 하루아침에 부장님에서 은퇴 노인으로 밀려나는 것이다. 직업으로 대변됐던 자아도 흔들리게 된다. 은퇴한 분들을 보면 힘이 없다. 자신감도 재직시절과는 다르다. 나이가 들면서 변화하는 남성호르몬의 영향이라고 할 수도 있겠지만 하루아침에 뒤바뀌는 감정의 변화는 직업에 대한 인식으로 설명이 된다.

요즘은 환갑잔치가 없다. 정년에 되었다고 죽음이 가까워 왔다고 생각하는 사람이 없다. 내년에 환갑이 되는 작은아버지는 시골에서 청년회장이다. 평균 수명이 늘어 은퇴 이후의 삶이 길어졌다. 90세까지 산다고 해도 은퇴 후 35년을 더 산다는 얘기다. 더는 직장생활이 삶을 책임져 주지 않는다. 직장생활을 하더라도 은퇴 이후에 먹거리를 위해 무언가를 준비해야 한다. 경제적 이유 말고도, 퇴직과 함께 없어지는 자아 말고 죽을 때까지 내 감정을 지킬 수 있는 자아를 가져야 한다. 내가 잘 할 수 있고 좋아하는 어떤 거로 준비되면 이상적이다.

보험은 정년이 없는 개인사업이다. 아버지는 20년째 보험영업을 하고 있다. 사람들에게 보험의 가치를 알리며 보람을 느낀다. 수많은 사건과 사고를 겪으면서 일에 대한 가치와 자부심이 커져 왔다. 노력으로 얻은 수입으로 원하는 일을 해나간다. 더 가치 있는 일이 어디 있겠는가.

새로운 도전
나는 아버지보다 더 잘 할 수 있지 않을까?

한국에 돌아왔다. 싱가포르에서의 생활을 모두 정리했다. 이상적인 조직문화와 근무환경을 포기하고 나의 일을 시작하기 위해 돌아왔다. 평생 혼자만 살 것이라면 도전할 필요가 없다. 이미 먹고살 만큼의 인정은 받으며 살아왔다. 해외에서도 직장을 구하고 살아왔으며 앞으로 어느 나라에 가더라도 잘 살아갈 자신이 있었다.

금수저로 태어났더라면 변변치 않은 직장이더라도 꿈꾸던 여인을 만나 가정을 이룰 수 있을지도 모르겠다. 다행히도 금수저가 아니고 타고난 사업가도 아니다. 평범한 가정에서 평범하게 자라왔다.

"제 일을 해보고 싶습니다. 시간을 갖고 공부하면서 알아볼게요. 최대 반년 정도 시간을 가지고 싶어요."

"이 녀석아, 그 나이 먹고 아무것도 안 하면 어떡하니. 일할 만한 데가 없니?"

"전에 일하던 직장도 있고, 아는 분들이 같이 일하자고 하기도 해요. 그런데 직장생활을 시작하면 회사일 외에는 다른 걸 할 수 없더라고요. 경험상 저는 그게 잘 안돼요."

"그럼 아버지 하는 보험 일을 배워봐라. 영업이라는 게 개인 시간이 많아서 활용하기 나름이고, 배워놓으면 은퇴 시 고객을 물려받을 수도 있으니 해가 될 게 없어 보인다."

귀국한 지 일주일도 안 되어 아버지의 권유로 보험회사 교육을 받기 시작했다. 보험영업을 시작한 뒤로 아버지는 시간상으로 여유가 있었다. 아침에 출근하시고 2시간 후에 집에 왔다. 새벽예배 탓도 있지만, 보통은 한숨 주무셨다. 점심때 일어나서 식사하셨다. 그리고 오후에 나가서 활동을 조금 하시고 6시 전에 귀가하셨다. 하는 일의 강도나 시간과 비교하면 소득이 높다는 생각을 해왔다. 나도 나중에 한 번쯤 해보면 어떨까 하는 생각을 해왔다. 아버지가 권유해서 시작한 그림이지만 어쩌면 마음속 깊은 곳에 감추어진 호기심이 발동했을 거라는 생각이 들기도 했다.

보험교육이 시작되었다. 강의실에는 나를 포함해 세 명이 앉아있었다. 다들 지인이 교학을 나오고 평범한 직장생활을 했다. 좀 더 좋은 직장, 소위 말하는 대기업에서 일하기를 바라기도 했다. 나중에 대기업에서 일하는 주변인들을 보면 특별하게 나은 인생을 살고 있지는 않았다. 평범한 사람이지만 비범한 인생을 살고 싶었다.

나의 일을 찾아야 했다. 돌아와서 부모님께 말씀드렸다. 교육만 받아보라고 강권하여 억지로 앉아있다고 했다.

"어이구, 내가 보험을 오치기 허여. 보험은 아무나 허나. 걍 좋은 교육 있다고 하도 받아보라 해서 와본거여. 난 보험영업 못허여."

비교적 나의 의지는 강했다. 제약 영업으로 경험도 있고 고향에서 시작하는 만큼 지인 영업에도 유리하다고 생각했다. 제약회사에서 능력을 인정받았고 성공사례발표도 해보았으니 했던 대로 하면 되리라 판단했다. 교육 막바지에 뭔가 좀 이상하다는 생각이 들었다. 강사는 핸드폰에 있는 연락처를 친한 정도로 분류하라고 했다. 그리고 이게 앞으로 우리가 영업해야 할 잠재고객이라고 했다. 핸드폰에는 700여 명의 연락처가 있었다. 많은 직장과 경험들을 통해 알게 된 사람들이 많았다. 그중에 누구도 나에게 보험이 필요하다고 말한 적이 없으며 필요할 것 같은 사람이 있어 보이지도 않았다. 핸드폰 연락처에 있는 누구도 잠재고객처럼 보이지 않았다.

지하철 출구에서 전단지를 뿌릴 때 지나치는 사람을 잠재고객이라 하지 않지 않는가? 잠재고객이라 하면 상품에 가치를 느끼고 구매할 경제적인 능력이 있는 사람이라고 생각한다. 회사에서 교육하는 잠재고객은 그냥 내 지인일 뿐이었다. 회사에서 개척 영업을 알려줬으면 했다. 고객을 개인, 상점, 회사로 나누고 대상별로 특성을 설명하고 영업 방법을 제시해주기를 바랐다. 회사에서는 더 이상의 개척 영업은 없다고 했다. 보험이 처음 들어왔을 때나 개척할 수 있었고 이제는 지인 영업을 통한 소개 영업만이 가능하다고 했다.

보험영업을 한다고 친구들에게 부탁하는 모습을 상상해보았다. 친하게 지내는 친척도 많았다. 사정하고 부탁하면 안 될 일도 아니었다. 그렇게 보험을 팔아도 언젠가는 고객이 큰일이 생기면 고마워하게 될 가능성도 없지 않았다. 하지만 지인을 고객으로 만들고 싶지는 않았다. 해외 생활로 그나마 몇 남지 않은 지인을 거래 관계로 훼손시키고 싶지 않았다.

아무리 좋은 상품이라도 고객이 가치를 느끼지 못하면 의미가 없는 것이다.

할 수 있다는 자신감

무식한 사람이 용감하다!?

자신감은 자신을 믿는 마음이다. 자신을 신뢰하지 않는 사람은 없다. 현재 상태에서 스스로의 한계를 알기에 그만큼의 믿음은 누구나 있다는 말이다. 자신감이라고 말할 때는 현재 상태 그대로의 자신을 믿는 마음을 이야기하지 않는다. 나은 미래 또는 이상을 이룰 수 있는가에 대한 믿음을 자신감이라고 한다. 자신감의 정도에 따라 나은 미래에 확신을 가질 수 있다. 자신감이 많은 사람은 긍정적으로 미래를 바라보고 불안함 없이 현실을 살아낼 수 있다.

자신감에서 자신은 좀 더 나은 나의 모습이라 정의했으니 믿음이 무슨 뜻인지 알아보자. 믿음에는 여러 종류가 있다. 부모의 자식에 대한 믿음, 종교에서 신에 대한 믿음, 이성 간에 믿음 등 대상과 관계한 기간에 따라 믿음의 깊이가 달라진다.

세상에 조건 없고 절대적인 믿음은 없다. 믿음은 경험에서 나온다. 아무리 부모일지라도 자식이 거짓말을 일삼고 신뢰를 저버리는 행동을 한다면 끝까지 믿을 수 있을까? 부모이기 때문에 의지를 갖고 믿어 줄지는 몰라도 믿는 정도가 크지 않을 것이다. 신에 대한 믿음도 마찬가지다. 아무리 자신을 쇠뇌 시켜 믿으려 애써도 신에 대한 경험이 없다면 앵무새의 울음소리와 다른 바 없는 믿음이 될 것이다. 성경에 나오는 믿음의 조상 아브라함의 경우를 봐도 마찬가지이다. 창세기에 보면 아브라함에게 어떻게 100세에 어렵게 낳은 귀한 아들을 바치는 믿음이 생겨났는지 잘 나와 있다. 일단 신이 아브라함에게 직접 나타나 명령을 한다. 요즘은 보이지 않는 신을 믿어야 하지만 아브라함은 그렇지 않았다. 필요할 때마다 직접 보이기도 하고 전령인 천사를 보내기도 했다. 쉬운 명령은 잘 따랐다. 70세 되던 해 아비의 집을 떠나 약속의 땅을 향한 여정이 시작된다.

"내가 너로 큰 민족을 이루겠다."라고 신이 직접 아브라함에게 약속한다. 신이 직접 나타나 말했음에도 불구하고 완벽하게 믿지 못했다. 여정 중간중간 위기가 생기면 아내를 누이라 속이고 지역 왕들에게 내어주며 모면하려 했다. 그때마다 신은 왕들의 꿈에 나타나 아내를 돌려주게 했다. 직접 나타나 큰 민족을 이루게 해주겠다고 약속했지만 믿지 못해 여종 사이에서 이스마엘을 낳는다. 이스마엘은 오늘날 아랍국가의 조상으로 알려져 있다. 장자 이삭을 낳은 뒤에도 다른 여자에게서 4명의 자식을 더 낳게 된다.

예수의 수제가 베드로의 경우도 있다. 베드로는 예수의 일이라면 어디서나 앞장섰던 인물이다. 예수를 잡으러 로마 군인들이 몰려왔을 때는 병사의 귀를 베면서까지 보호하려 했다. 그러나 베드로는 대표적인 배신자로도 알려져 있다. 예수가 잡혀가고 공범으로 몰려갈 위기에 처하자 모르는 사람이라고 부인했다. 요즘 우리 정치인들이 자주 하는 '모르쇠' 패턴과 비슷하다. 그렇게 따르던 예수를 나중에는 욕하면서까지 모른다 했다. 어떻게 이런 베드로를 믿음 있다 할 수 있겠는가.

성경의 이야기를 해서 다소 거리감이 있을 수는 있다. 하고자 하는 말은 믿음의 본질을 말하는 것이다. 인간은 불완전한 존재이다. 우리의 믿음 역시 불완전할 수밖에 없다. 인간관계에서 믿음은 물론이고 직접 계시하고 생활한 성경의 인물들도 위기에 처하면 결국 믿음 없음이 드러나지 않는가. 다만 믿은 정도가 쌓일 수는 있다. 그것은 믿는다고 앵무새처럼 되뇌인다고 되는 것은 아니다. 일시적으로 효과가 있을지는 모르겠다. 궁극적으로는 경험이 있어야 한다. 인간에 대한 믿음뿐만 아니라 신에 대한 믿음도 경험이 있어야 쌓일 수 있다. 쉽게 얘기하자면 믿음은 대상을 얼마나 아느냐에 달려 있다고 볼 수 있다. 완벽한 앎이란 있을 수 없다. 평생 자신으로 인지하는 본인 스스로도 완벽하게 안다고 장담할 수 없지 않은가?

스스로에 대한 믿음도 마찬가지다. 더 나은 미래에 대한 믿음을 원한다면, 일단 방향을 찾아야 한다. 어디로 갈지 방향이 없다면 아무리 열심을 부려도 발전을 기대하기 어려울 것이다. 방향이 정해졌다면 실천을 해야 한다. 아무리 좋은 꿈이 있고 계획이 있어도 행동하지 않으면 탁상공론에 불과한 것이다. 실천해보면 결과가 나올 것이다. 어떤 결과이든 실패라 생각하지 않는 게 중요하다. 만 번의 실패 끝에 전구를 발명한 에디슨이 이렇게 얘기했다.

"저에게 실패란 없었어요. 안 되는 만 번의 이유를 알아냈을 뿐이죠."

에디슨에게 실패란 포기해야 할 사건이 아니라 시행착오였을 뿐이었다. 새로운 것은 항상 불안하다. 아무것도 보이지 않는 터널을 걸어 나오려면 한발 한발이 얼마나 불안하겠는가. 알지 못하는 것에 대한 두려움도 마찬가지다. 원래 성격적으로 자신이 없는 게 아니라 사람은 누구나 알지 못하는 것에 대한 두려움이 있다. 눈을 감고도 내가 가는 길이 맞다고 믿고 한발 한발 걸으려면 일단 한 발을 내디뎌야 한다. 장애물에 부딪힐 수도 있고 벽에 닿을 수도 있다.

그렇다고 포기하고 주저앉으면 어떻게 되겠는가? 그 사람은 영영 그 어두운 터널을 벗어 날 수 없을 것이다. 시행착오가 있다면 방향을 수정해서 또 한 걸음을 내디뎌야 한다.

한발 한발 내디디며 앞으로 나아갈 때 저 멀리에서 희미하게 불빛이 보인다면 어떻겠는가. 이제는 더는 불안하지 않다. 빛에 의해 길이 보이는 것이다. 훤히 밝혀진다면 뛰어갈 수도 있다.

성공에 대한 경험은 우리에게 자신감을 가져다준다. 작은 성공이라도 긍정적인 결과가 있어야 의식 무의식적으로 스스로를 믿을 수 있다. 작은 성공이 이어지면 또 다른 도전을 할 수 있게 되고 선순환이 되어 캄캄한 동굴인 현실에서 벗어날 수 있다.

조건반사 실험으로 유명해진 파블로는 전기 자극에 대한 개의 반응에 대해 실험을 했다. 개를 좁은 공간에 가둬 놓고 그 몸에 전류를 흐르게 하는 장치를 설치한 후 일정한 시간 동안 전류를 흐르게 했다. 개는 놀라서 벗어나려 하지만 밀폐된 공간이었다. 아무리 짖고 발버둥 쳐도 절대 문은 열리지 않았다. 그렇게 같은 실험을 1~2주간 하면 개는 전기 자극을 받아도 무기력하게 있을 뿐 더는 벗어나려 하지 않는다. 그리고 밀폐된 환경이 아닌 개방된 공간에서 그 개의 몸에 전류가 흐르는 장치를 붙인 후 다시 전기를 흐르게 하면 개는 무기력하게 움직이지 않고 오줌을 싼다. 처음부터 개방된 환경에서 자극을 가했다면 개는 장치를 끊고 벗어났을 것이다. 실험 조건에 의해 개의 탈출시도는 실패로 돌아갔고 더는 시도할 의지를 잃게 된 것이다.

나 역시 학습된 무기력에 빠져 있었다. 과거 스펙과 회사생활이라는 환경의 제약에 갇혀 다른 가능성을 생각해 보지도 못했다. 혼자만의 일을 꿈꾸다가도 주변에서 하는 말을 들으면 이내 깨갱대고 말았다.

"사업은 아무나 하니? 그것도 돈 있고 빽 있어야 하지. 아니면 경험이라도 있던가."

"회사생활을 잘해야 나중에 사업도 잘할 수 있는 거야."

틀린 말은 아니다. 혼자의 일을 시작하기에 유리한 조건이 아님에는 분명하다. 돈이 많아서 이것저것 부담 없이 시도해볼 수 없다. 스펙이 좋아서 투자를 받을 수 없다. 머리가 좋아서 기발한 아이디어가 있는 것도 아니다. 끈기가 있어서 꾸준하게 회사에 다니지도 못했다. 나는 누가 봐도 실패자다. 사업이라는 자극에 무기력하게 깨갱댈 수밖에 없다. 그렇다면 계속해서 깨갱대면서 학습된 무기력에 눌려 생을 마감해야 하는가?

희소식은 내가 느끼는 패배감은 그동안의 잘못된 가치관에서 잘못 학습된 무기력에서 비롯되었음을 알게 되었다는 것이다. 문제는 원인을 찾으면 해결된 것이나 마찬가지다. 나 같은 흙수저에게도 원하는 미래를 이룰 수 있는 길이 있다는 사실을 알면 된 것이다. 정보의 홍수 시대라 하지 않는가. 나는 책을 통해서 어두운 터널 끝의 불빛을 희미하게 보았다. 부의 추월차선, 레버리지, 메신저에서 저자는 금수저가 아니었다. 나와 같이 평범하게 학습된 무기력자였다. 공통으로 다른 사람들과 차이가 있다면 그런데도 한 발을 내디뎠다는 것이다. 그리고 깨닫는 것이다. 우리가 사는 세상이 밀폐된 게 아니었다는 사실을 말이다.

지금도 끊임없이 불신이 밀려온다. 원래 인간의 뇌 구조는 부정적인 생각을 자연스럽게 하게 되어있다고 한다. 그러니 불신은 어쩌면 인간으로서 당연한 한계라고 볼 수 있다. 사회화 과정에서 우리는 안 될 것이라는 무기력을 끊임없이 학습해 오지 않았는가. 그러나 거기에 머무를 수는 없다. 아무것도 보이지 않아도 우리는 한발 한발 걸어야 한다. 최소한 희미한 불빛이라도 보일 때까지 말이다.

내 삶에 최선을 다하다

내 삶은 소중하니까

제약 영업에서 성과를 냈었고, 뉴질랜드에서 서투른 영어로 직장을 구하기도 했었다. 문전박대를 극복하고 시도했던 결과였다. 보험영업도 마찬가지라고 생각했다. 전단지를 만들고 무작정 찾아갔었다. 가게 앞에서 얼마나 서성였는지 모르겠다. 보험을 꼭 가입해야 하는 급한 이유가 없는 한 내게 관심을 보일 일이 없다고 생각했다. 현실이 그랬다. 보험회사에서 왔다고 하니 전단지를 보려는 사람도 거의 없었다.

"안녕하세요. 삼성화재에서 왔습니다. 건강에 관련된 좋은 정보 있어서 가지고 왔어요."

"네, 지금 바쁘니까 거기 두고 가세요."

그나마 예의를 차린 분들에게 이 정도의 답변이 돌아왔다. 대부분은 매서운 눈초리로 바쁘니까 빨리 나가라는 제스처를 보여주었다. 가게에는 아무도 없는데도 말이다.

이 방법으로도 영업에 성공한 사람이 있다. 고객이 거절하더라도 꾸준하게 방문하고 관계를 맺어 언젠가는 계약을 하고 소개까지 나온다고 했다. 머릿속으로 계산을 해보았다. 보험이 필요 없는 가게 주인에게 얼굴 익히고 친근감을 주기 위해 최소한 3개월이 걸리고 계약으로 이뤄지기 위해서는 6개월의 시간이 걸린다고 한다. 물론 이후에 소개를 통해 꾸준한 매출을 기대할 수도 있지만 이러한 영업방식을 꾸준히 이어가고 싶지 않았다.

생각을 바꿔보았다. 조금 더 빨리 친숙해지는 방법을 생각해 보았다. 영업할 때 천 원짜리 로또를 여러 장 사서 돌린 적이 있었다. 아무도 안 하던 거였고 일확천금의 희망을 준다는 의미 때문인지 반응이 좋았다. 보험영업도 비슷하지 않을까 생각하며 로또를 돌렸다.

"안녕하세요. 사장님, 사업 대박 나시라고 로또 가져왔습니다."

"어이구 이게 뭐여. 정말 이거 나 주는거여? 만약에 로또 타면 나중에 딴소리 하는 거 아니여?"

"아닙니다. 로또 되셔도 뭐 바라지 않을게요. 되면 그냥 보험이나 하나 들어주세요."

반응이 나쁘지 않았다. 천원에 불과했지만 보이지 않는 가능성 때문인지 쉽게 마음을 열었다. 편의점을 하는 친구에게도 이 얘기를 해주며 주었었다. 친구는 시도는 좋으나 큰 기대를 하지 말라고 했다. 며칠 후, 친구가 찾아왔다. 상기된 얼굴로 찾아와서 근처 편의점에 들어가서 내가 며칠 전 주었던 로또를 점원에게 건네었다. 기계에 복권을 통과시키고 5만 원을 받았다. 친구는 내 몫이라며 교통비 제외한 2만 원을 주며 말했다.

"당첨됐어도 보험은 못 들어줘!"

친구의 말이 좀 시원하긴 했지만 틀린 말은 아니었다. 친구가 아니어도 필요 없는 사람에게 억지고 물건을 팔면 안 되는 것이다. 관심 없는 대상에게 억지로 권하여 판매한다면 강매가 되는 것이다. 어떤 상품이든 고객에게 효용이 있어야 그만큼의 값을 지불할 수 있는 것이다. 돈을 벌어 성공하겠다는 급한 마음에 상대가 필요한지 아닌지 파악도 하지 않고 헤맨 것이다. 강매로라도 가입한 고객이 나중에 혜택을 받을 수도 있지 않으냐고 말할 수도 있다. 교회 나오면 예수 믿고 천국 갈 수 있다고 강권하는 것이랑 크게 다르지 않다고 본다. 필요를 느끼고 상품 구매를 위한 능력이 있는 사람에게 제안되어야 한다. 아니면 반대급부로 가치의 부족함을 메울만한 무언가를 얻게 된다면 가능할 수도 있다. 보험은 미래에 있을지 모르는 상황에 대비한 무형의 상품이기 때문에 본래의 가치를 충분히 느끼지 못하는 경우가 많기 때문이다.

고민이 되었다. 천천히 기회를 기다리며 머무를까 생각해 보았다. 지인들도 1년 2년이 지나면 기존 계약을 나에게 넘겨줄 수 있는 일이었다. 평생 한 지역에만 사신 부모님의 인맥도 이용할 수 있었다.

더 많은 것을 배워야겠다는 생각이 들었다. 보험 자체만으로는 한계가 있었다. 이미 시장은 포화상태였다. 전통적인 방법으로 성공하기는 어려웠다. 이미 고객이 많은 사람은 기존에 상품을 리모델링하면서 세일즈를 유지할 수 있다. 또한, 신뢰가 쌓여서 소개도 들어온다. 반면에 이제 시작하는 사람에게는 리모델링 해줄 고객도 소개받을 신뢰를 쌓을 기회도 제한적이다.

같은 상품을 팔더라도 나에게 사야 하는 이유가 있어야 한다. 4차 산업혁명 시대를 맞아 인류사회에 많은 변화가 이루어지고 있다. AI(인공지능)의 발달로 앞으로 새로 생기는 직업보다는 없어지는 직업이 많아질 것이다. 보험업을 비롯한 여러 영업직은 이미 인터넷의 위협을 받고 있다. 아직은 과도기적인 부분이 있지만 한두 세대가 바뀌면 크게 위협을 받을 것이 분명하다.

비단 영업뿐만이 아니다. 아무리 잘 배운 판사도 판결의 주관성은 피할 수 없다. 스포츠에서 심판의 역할도 마찬가지다. 주식을 비롯한 금융투자, 환자를 치료하는 의사까지도 대체 될 수 있다. 주관적인 생각과 경험을 바탕으로 하는 기술에 더는 의존할 필요가 없다. 잘 짜인 알고리즘에 의해 상황에 영향받지 않고 감정 기복 없이 일을 수행한다면 세상은 달라질 것이다. 공정한 판결로 더 공평한 세상이 될 것이다. 감정 없는 투자로 안정적인 수익을 기대할 수 있다. 프로그램대로 진단하고 치료를 하여 의료사고를 예방할 수 있다.

전문직이 이러한데 일반직은 오죽하겠는가. 로봇의 발전으로 무인공장까지 생겨나고 있다. 결재의 자동화로 AmazonGo와 같은 상점이 늘어날 것이다. 경리업무뿐만 아니라 복잡한 회계업무까지 잘 짜인 프로그램의 활용으로 필요 인원이 줄어들고 있다. 제조, 판매, 서비스 등 분야를 가리지 않고 효율성이 좋아지고 있고 필요한 인원수는 줄어들고 있다. 준비하지 않는 자에게는 미래는 재앙이 될 것이다.

무엇을 준비하고 어떤 노력을 해야 하는가? 현재 하는 일을 그냥 열심히 더 많을 시간을 투자해서 하면 되는가? 그렇지 않다. 열심히 해서 분야에 상위 포지션을 가진다면 전문가로 인정받아 성공할 수 있는 게 사실이다. 앞으로 10년 20년은 유효할지도 모르겠다. 그 이후가 문제다. 아날로그 고객이 은퇴하거나 구매력이 떨어지고 디지털 고객만 남게 된다면 당신은 더는 선택의 고려대상이 될 수 없게 된다. 공장이 로봇으로 대체 됐듯이 AI가 당신의 자리를 차지할 것이다.

나만의 브랜딩을 해야 한다. 보험이 아니라 다른 제품을 팔더라도 브랜딩은 필수적이다. "Why me?"에 대한 대답으로 나를 브랜딩 해야 한다. 잘 나가는 대기업을 보면 쉽게 알 수 있다. 새로 나온 아이폰의 가격이 150만 원을 넘는다고 한다. 경쟁사 제품에 비하면 30% 이상 비싼 가격이다. 기술의 평준화로 기능이 더 좋다고 볼 수 없다. 경쟁사 제품의 디자인도 크게 다르지 않다. 그렇다면 왜 아이폰은 월등히 비싼 가격에도 불구하고 시장에서 강자를 유지할까?

답은 브랜딩이다. 고객은 애플이라는 브랜드에 30% 이상의 가격의 가치를 기꺼이 감수한다. 최초의 스마트폰을 고안해내었고 혁신적인 디자인을 이끌었다. 아이튠스를 비롯한 소프트웨어나 맥북과의 호환성은 아이폰만의 차별화된 가치를 느끼게 하는 것이다. 명품을 구매하는 이유에 가격이나 기능적인 면은 우선시 되지 않는다. 제품이 나를 얼마나 차별화시킬 수 있느냐에 가치가 있는 것이다.

제대로 해보기나 했어?
적진에서 장렬히 전사할지언정 포기하지는 않으리라!

내 인생을 돌아보면 허점투성이다. 기성세대가 보면 더욱 그러할 것이다. 학창시절에는 눈에 띄지 않았다. 특별한 재능도 노력도 없었다. 꿈도 없었다. 대학에서도 삶을 바꿀만한 사건은 없었다. 군대에서는 폭행 전과가 있다. 편입에 도전했으나 명문대에 가지 못했다. 부러워할 만한 경력이 있지도 않다. 글 쓰는 재주가 뛰어나서 책을 쓰는 것도 아니다. 그저 평범하다. 욕심은 많지만, 능력이 부족한. 제한된 사회의 틀에 갇혀 학습된 무기력에 저항해 봤지만, 번번이 실패하고 낙담해왔다. 정확히 말하면 오래가지 못하고 쉽게 포기해왔다. 어른들은 내가 말한다.

"그렇게 끈기가 없어서 어쩌려고 그래. 뭘 하더라도 한곳에서 10년 이상은 꾸준히 해야 하는 거야. 한 우물만 파야 하는 거라고."

나도 그 말을 신뢰했다. 패배자였다. 기성세대에게는 나는 패배자가 맞다.

뭐 하나 제대로 해내지 못하는 의지박약에 사회 부적응자다. 한 우물은커녕 최장 2년간 한 회사에서 일하게 전부이다. 스스로도 부끄럽고 그러고 싶지 않았다. 남들처럼 역경을 이겨내고 살아남는 자가 되고 싶은 마음도 있었다. 하지만 어쩌겠는가. 나는 한 번도 이직을 목적으로 취직한 적이 없다. 수많은 나의 경험은 내가 설계한 작품이 아니다. 살다 보니 뒤돌아보니 이렇게 되어있을 뿐이다. 때로는 상향욕망으로 때로는 불합리함에 저항하느라고 그래왔다. 무슨 일을 하든지 일을 하는 목적을 살펴봐야 한다. 생계의 수단, 과시용, 자아실현 등 다양하거나 복합적인 이유가 있을 것으로 생각된다. 어떤 이유에서건 일에 대한 목적을 정립하고 목적에 부합되는 삶이 맞는지 돌아볼 필요가 있다.

부모님 세대는 산업화사회였다. 한 회사에서 오래 버티는 사람이 결국에는 성공하는 사회였다. 그 결과로 우리나라가 이렇게 발전해왔다고 생각하기도 한다.

어릴 적 기억하는 대한민국은 지금과 비교하면 다른 나라다. 단칸방에서 연탄보일러 쓰는 게 흠이 되지 않았고 특별히 가난하다고 생각하지도 않았다. 길거리에는 쓰레기 버리는 사람이 많았고 싸움하는 어른들을 어렵지 않게 볼 수 있었다. 집 앞에서 공놀이하고 있으면 뒤에서 차가 경적을 울리며 쌍욕을 하기도 했다. 요즘 해외 나가면 우리보다 못사는 동남아 국가들보다 못한 모습이었다.

올 초, 설 연휴를 이용해 친구와 일본에 다녀왔다. 어릴 적부터 일본에서 만든 제품을 보면 대단한 나라라고 생각했었다. 볼펜 한 자루를 만들어도 디자인과 성능은 다른 제품과 비교 할 수 없었다. 비싼 가격에도 불구하고, 역사적으로 좋지 않은 감정이 있음에도 불구하고 일본제품을 사용해 왔다. 훌륭한 제품을 만들어 내는 일본에 대한 환상이 있었다. 비교할 수 없이 발전되고 똑똑한 사람들만 있을 줄 알았다. 선진국이라는 일본을 실제로 보니 우리나라와 크게 다르지 않았다. 우리나라에 더 크고 멋진 건물들이 있고, 크고 멋진 차들이 있었다. 시민 의식은 개선의 여지가 많다고는 하나 30년 전과 비교하면 같은 나라 사람이라고 믿을 수 없을 만큼 발전했다.

나라의 경제력과 시민 의식이 마치 다른 나라인 것처럼 바뀐 만큼 직업의 패러다임도 바뀌고 있다. 기성세대의 조언을 무시하라고는 할 수 없지만 다른 패턴의 사회가 다가옴을 모르는 척할 수는 없다. 소품종 대량생산을 하듯 획일화된 인생을 따라갈 필요는 없다. 성공하고 싶은가? 그럼 성공하면 된다. 길은 분명히 있다. 산업화사회보다 오히려 더 쉬운 길이 펼쳐질 것이다. 성공에 관심이 없는가? 그래도 상관없다. 손발이 게으르지 않는 한 의식주를 고민하며 빈곤하게 살 걱정은 안 해도 될 듯싶다. 현실에 만족하며 인생의 의미를 음미하면 되는 것이다. 가치는 가치가 있다고 생각하는 곳에 있지 남이 정해주는 게 아니다.

아직 나아갈 방향이 뚜렷하지 않다면 경험해 보길 바란다. 본인의 현실에 만족하는 사람은 축복받은 사람이다. 그대로 만족하며 살면 된다. 그렇지 않다면 경험해 보길 바란다. 다른 일을 해보고 싶은가? 이직하라. 해외 생활에 대한 호기심이 있는가? 나가서 살아봐라. 불타는 사랑을 하고 싶은가? 여자를 만나라. 어떻게 하느냐고? 한발 한발 해보면 된다. 실패하면 어떡하냐고? 실패는 없다. 시행착오일 뿐이다. 평생을 살면서 원하는 게 무엇인지 모르고 가는 사람도 수두룩하지 않은가. 마땅히 해야 할 도리나 나이에 맞는 나잇값은 잊기를 바란다. 기성세대의 이 같은 조언은 틀린 말이 아니다. 다만 그 시대가 끝나간다는 것이다. 기성세대는 이제 은퇴하고 생을 마감하고 있다. 그들의 구시대적인 조언이 우리의 미래를 책임질 수는 없다.

소품종 대량생산의 시대는 끝났다. 나만의 이야기 차별화된 나를 찾아야 한다. 그게 미래를 사는 방법이다. 미래를 예측하려 하지 말고 창조해야 한다. 그래도 기성세대는 나에게 호통친다.

"제대로 해보기나 했어?"

그렇다. 제대로 해 본 적이 없다. 학창시절에는 제대로 된 꿈이 없었다. 대학에서 진로에 대한 구체적인 생각이 없었다. 직장생활도 생계를 위한 돈벌이 이상의 의미가 없었다. 핑계라 할지는 모르지만 나도 항변하고 싶다.

"제대로 할 환경이 아니었어요!"

산업화사회에 최적화된 교육을 받았다. 흔히 말하는 주입식 교육이다. 개인의 특성이나 성향은 무시된 채 한가지의 기준에서만 우열이 갈렸다. 상위 소수를 빼면 우리는 모두 열등하다. 지나온 인생이 난잡하다면 환경을 탓하고 싶다. 내가 평가되는 기준이 획일화된 기준에 있었고 그 잣대에 비춰보면 항상 열등했다. 이거 말고 올라갈 수 있는 무언가를 찾고 있었다. 미래에도 산업화사회가 계속된다면 나는 틀린 말을 하는 것이다. 하지만 세상은 이미 변하고 있다. 평가 기준은 다양해지고 있다. 한 가지 기준에 묶여 스스로를 열등하게 바라볼 필요가 없다. 나만의 기준을 창조할 수도 있다. 그리고 발전시키면 당연히 그 기준에 일인자가 되고 우월해지는 것이다.

제6장
경험이 재산이다

앞날에 대한 두려움

'새로움'이라는 끝이 보이지 않는 칠흑 같은 터널에 있는듯한 느낌적인 느낌!

두려움에는 실체가 없다. 실체 없는 두려움 때문에 우리는 미래를 준비하고 또는 새로운 도전을 주저한다. 새로운 것에 대한 대부분 두려움은 경험해 봄으로써 없어진다. 중학교에 들어갈 때 학교폭력에 대한 두려움은 대단했다. 당시 뉴스에서 화젯거리로 자주 나왔고 어른들의 걱정도 컸다. 막상 학교에 들어가 보니 같은 학년 외에는 만날 기회가 별로 없었다. 동갑 친구들은 초등학교 때부터 친구였거나 친구의 친구들이었다. 어렵지 않게 금방 친해졌고, 뉴스 기사와 같은 폭력사태는 겪은 적도 본적도 없었다. 중학교 진학에 대한 두려움은 아무리 주변에서 말해줘도 해소가 안 됐다. 걱정하는 나에게 부모님이 괜찮다고 설명해줘도 와 닿지 않았다. 결국은 입학 후 반 친구들을 보고 아무 일 없음을 깨달은 직후 두려움이 없어졌다.

장학금에 대한 두려움도 있었다. 낙제생이나 다름없는 실력으로 장학금에 도전한다는 것이 허황한 꿈을 꾸는 것과 같았다. 주변에는 당당하게 선포하고 도전했으나 공부하는 내내 불안했다. 공부방법도 이끌어줄 선배도 없이 홀로 도서관에 주구장창 앉아만 있었다. 아직도 인생에서 가장 힘든 시기 중 하나로 기억한다. 그 두려움은 중간고사를 보고 가능성이 보이면서 누그러들기 시작했다. 기말고사가 끝나고 장학생으로 선정되면서 기쁨으로 전환되었다. 이후에도 2번의 장학금을 더 받았는데 공부하면서 그때만큼 두렵거나 불안하지 않았다.

　자대 배치 후 첫 훈련이 기억난다. 군장 위에 81mm 박격포를 분대원과 나누어 메고 산에 오르고 있었다. 나를 포함해 첫 훈련인 신병이 두 명 있었다. 우리는 낙오할까 두려웠다. 내 동기는 나보다 덩치가 크고 힘이 셌다. 운동도 잘 해서 체력도 좋았다. 군장과 그 위에 얹힌 포는 어깨뿐만 아니라 마음도 무겁게 짓눌렀다. 걸음이 조금이라도 더뎌지면 뒤에서 고참들이 온갖 욕설과 협박을 해댔다. 끝없는 오르막길에 고참은 30분째 거의 다 왔다고 하고 있었다. 결국, 동기는 주저앉아 버렸다. 코너만 돌면 고지였지만 우리는 알지 못했다. 이제 다 왔다는 고참의 말도 믿을 수 없었다. 같은 코스를 10번은 넘게 다녔지만, 동기는 이후 한 번도 낙오하지 않았다.

　해외 생활에 대한 두려움이 있었다. 뉴질랜드에 어학연수를 떠날 때 불안했다. 영어 한마디 제대로 하지 못했고 말도 안 통하는 이국땅에서 돈이 다 떨어지면 어쩌나 하는 불안이 컸다. 일과 여행을 반복했는데 통장 잔고가 일정수준 이하로 떨어지면 곧 굶기라도 할 것처럼 불안해하며 일자리를 알아보았다. 잔고가 30만 원 남았을 때는 불안을 이기지 못하고 부모님께 전화하여 원조를 받기도 했다. 10여 년이 지난 후 호주와 싱가포르에서 생활했다. 두려움이 말끔히 없어지지는 않았지만 견딜만한 두려움이었다. 경험으로 살아갈 방법을 이미 알고 있었다. 모르는 것들은 발품 팔아서 얼마든지 알아볼 자세가 되어있었다. 왜냐하면, 그렇게 하면 다 된다는 걸 경험으로 이미 알고 있었기 때문이다. 최악의 경우 어떻게 해야 한다는 대안도 항상 있었다.

30살쯤 다시 교회에 나가기 시작할 때 두려웠다. 청년회 모임, 또래 모임, 셀 모임 등 알지 못하는 새로운 모임이 많았다. 참여해서 어울리고 싶은 마음과 함께 기존에 사람들이 나를 반기지 않을 거라는 두려움도 있었다. 두려움은 모임에 한두 번 참석하면서 없어졌다. 지금도 새로운 모임에 참여하려면 두렵다. 기존 사람들이 나를 어떻게 평가할지 불안하다. 하지만 이제는 안다. 두려움의 실체는 없다는 것을. 직접 참여하여 일원이 되면 그 두려움은 금방 없어 질 것을 말이다.

궁극적으로는 현재 느끼는 두려움의 실체가 없다는 사실을 인지해야 한다. 미래도 경험하고 나면 과거가 된다. 이미 지난 과거는 이 되고 안정이 되면 불확실성이 줄어든다.

인간의 불안은 어릴 적 어머니로부터의 분리에서 시작된다고 한다. 갓난아기는 어머니와 자신과의 이질성에 대해인지를 못 하다가 인지가 되면서 불안을 느낀다고 한다. 아무리 육아에 헌신한다고 해도 24시간 아이만 바라볼 수는 없다. 음식을 해야 하고, 집안일을 해야 한다. 밤에는 잠도 자야 하고 생리적 현상 해소를 위해 화장실에도 가야 한다. 태아 때는 모태 안에서 동질감을 느꼈을 것이다. 음식을 먹는 행위를 하지 않아도 모체로부터 영양분을 공급받았다. 자궁은 항상 일정한 온도를 유지했다. 어머니와 본인과의 객체 인식이 이루어지지 않은 것이다.

어머니와의 이질성을 인지하고부터 생겨나는 불안은 든 인간에게 공통으로 찾아오는 숙명이라고 할 수 있다. 나와 동일시되었던 어머니가 그렇지 않다는 사실을 인지한다는 것은 고통스러운 일이었을 것이다. 그 고통의 충격을 완화해줄 대상이 필요했다. 인형, 이불, 장난감 등 어린아이들이 없어지면 불안해하는 물건들이 있는데 이는 분리불안을 해소하고자 했던 심리에서 비롯된 것이다.

성인이 된 인간도 다르지 않다. 집착의 대상이 바뀔 뿐 여전히 집착한다. 좋든 싫든 우리 모두에게는 일상이 있다. 직장인도 사업가도 각자의 일상이 있다. '나'는 익숙해진 일상으로 대변된다. 직장인은 어느 회사 직책과 업무로 '나'에 대한 소개를 대신한다. 사업가는 사업체의 대표로 '나'를 대변한다. 집에서는 아버지, 아들 등의 역할로 대변된다. 회사에서 퇴직하거나 사업에 실패하면 우울해지는 경우가 많은데 다른 여러 가지 이유도 있겠지만 직업과 "나"가 알게 모르게 동일시 되어왔기 때문에 그 끝은 "나"라는 자아의 끝으로 연결되어 그렇기도 하다.

남들이 하지 않는 새로운 일을 시작한다는 것은 어쩌면 익숙해진 나로부터의 분리라고 설명할 수 있다. 자라 보고 놀란 가슴 솥뚜껑 보고 놀란다고 하지 않는가. 나로 인식되었던 일상의 변화는 어릴 적 어머니와의 이질성을 인지하면서 느꼈던 불안함을 동반하는 게 당연하다.

어머니로부터 분리될 때 느낀 불안은 기억하지 못하지만, 무의식에 남는다고 한다. 성인이 되어서는 남의 인정에 집착하기 시작했다. 20살 때는 잘 노는 사람으로 인정받고 싶어서 그렇게 했다. 군 전역 후에 정신을 차리고 다른 생활 방식으로 살았다. 새로운 패턴에 대한 어색함과 거기에서 나오는 불안함이 있었다. 군대에서 폭력사건에 연루되어 부대를 옮겼다. 정든 환경과 사람들을 떠나 새로운 곳으로 떠날 때 두려움은 매우 컸다. 의지와 상관없는 변화여서 더 그랬을지도 모른다. 꿈을 안고 뉴질랜드 행 비행기에 몸을 실을 때도 무서웠다. 친구들과 주변인들은 용기 있는 도전에 부러워했지만, 내면의 갈등과 두려움은 다른 사람과 다르지 않았다. 초등학교에서 중학교로 진학 할 때도 두려웠다. 중학교에는 깡패 선배들만 있는 줄 알았다. 군에 입대할 때와 자대 가던 날 느낀 두려움은 앞에서 언급했으니 생략하도록 하겠다. 학생 신분을 벗어나 사회인이 될 때도 마찬가지였다. 꿈과 희망을 안고 새로운 것에 도전할 때는 필연적으로 경험하지 못해본 것에 대한 두려움이 동반됐었다.

지금은 나만의 일을 찾아 또 다른 도전을 하고 있다. 또래 주변인들은 그간 계속해 온 직장에서 진급하고 역할의 중요성이 커지고 있는 시점이다. 사회의 기준에서 보면 나이에 비해 뒤처진 상태로 새로운 도전을 하는 것이다.

지금 나에게 두려우냐고 물어본다면? 대답은 "그렇다"다. 누군가에게 고용되어 일해 본 게 전부다. 주인으로 일을 해본 적이 없다. 처음 해보는 일에는 항상 두려움이 동반한다. 두려움 때문에 시도도 못 할 정도는 아니다. 장학금에 도전했을 때 느꼈던 불안과 두려움이 더 크다. 그때는 오로지 혼자 도전했다. 방법도 모르고 조언해주는 선배도 없었다. 지금은 다르다. 수많은 역사의 주인공들이 나와 같은 길을 먼저 걸었다. 나는 그들의 인생을 책으로 간접 경험하고 있다. 현실에서도 전문가를 비롯한 멘토들의 도움으로 혼자가 아니다. 이제 한걸음 내딛는 수준이지만 눈앞에 희미하게 실낱같은 빛이 보인다. 내가 해야 할 일은 다음 걸음을 내딛는 것이다. 제대로 보이지 않아 넘어질 수도 있다. 그래도 분명한 사실은 터널 밖이 보인다는 사실이다.

젊음이라는 무기

20대 새파란 젊은이도 마음이 굳으면 애늙은이 아닐까?

젊음이란 무엇일까? 사전에서는 "나이가 한창때에 있다, 혈기 따위가 왕성하다"로 정의한다. 구체적인 나이를 특정하지는 않고 있다. 30대 중반이 넘어가면서 유독 친구들이 변하는 몸 타령을 하기 시작한다.

"나는 요즘 운동도 끊었어. 몸이 예전 같지 않아서 조금만 운동해도 몸에 무리가 가더라고."

사실 몸 타령은 20대 중반부터 있었다. 주변에 한둘은 꼭 나이 들어감에 따라 체력이 안 좋아지고 있음을 한탄했다. 특히 숙취 회복능력을 논할 때는 나이 얘기가 빠지지 않았다. 나는 부분적으로 동의한다. 신체적으로 절정인 20대 중반이 넘어가면 남자의 경우 남성호르몬의 수치가 줄어들기 시작한다. 혈중호르몬 양의 변화로 근육 양도 줄 수 있다. 근육이 줄어든 상태에서 전과 같은 강도로 운동을 한다면 무리가 될 수도 있을 것이다. 하지만 꾸준하게 적당한 강도로 운동한다면 몸을 유지 또는 성장시킬 수 있다고 생각한다. 나는 여전히 수영과 헬스를 즐긴다. 아주 열심히 하지는 아니지만, 운동 덕분인지 몸이 나빠진다는 느낌이 들진 않는다. 호르몬의 영향인지 심리적인 영향인지 전과 다르게 스노우보드와 같은 위험한 운동은 피하고 있다.

젊음은 마음속에 있다. 왜냐하면, 누구나 젊고 늙었기 때문이다. 학창시절 부모님은 젊음이 좋은 거라고 입버릇처럼 말했다. 하고 싶은 걸 마음껏 할 기회가 있으니 말이다. 같이 할머니 댁에 가면 부모님도 같은 말을 들었다. 당시 50대인 부모님도 80대 할머니가 보기에는 젊기 때문이다. 60대에 접어든 부모님은 40을 바라보는 자식에게 아직도 젊다고 말한다. 그리고 할머니가 그랬듯 20년 후에도 같은 말을 할 것이다.

2003년 3월 군대에 입대했다. 1년쯤 군 생활을 하다 보니 2년 2개월이던 군 생활이 2년으로 줄게 되었다. 복무기간을 줄이는 건 노무현 대통령의 공약이었던 것으로 기억한다. 군 생활 기간은 차례로 줄게 되어 2년 2주 정도 복무했다. 2005년 3월 전역했고 리 나이로 23살이었다. 자대배치 받고 엄한 군기 때문에 아무 말 못 하던 시절, 영감으로 불리던 고참이 있었다. 남들보다 군대에 늦게 들어와서 나이가 많은 줄 알았다. 남자들은 공감하겠지만 계급에 따라 나이가 더 들어 보이는 현상이 있다. 사회에서는 나이로 서열이 나뉘는 구조이다 보니 인지 부조화로 합리화하는 경향일 수도 있으나 군 생활에 절어 피부가 검어지고 알파다운 제스처를 하면 말하지 않아도 뿜어지는 아우라가 있다고 본다. 그 고참은 영창에 다녀와 남들보다 15일의 군 생활을 더 하고 있었다. 내가 자대에 갔을 때는 이미 2년 2개월 이후의 군 생활을 하는 중이었다. 말년도 지난 그런 영감으로 표현하는 수밖에 달리 부를 단어도 없었을 거로 생각한다. 기껏해야 20대 초반에 비슷한 또래였으나 그의 태도는 정말 영감 같았다. 간부도 게으른 그의 태도에 딴지 걸지 않았다. 모든 행사나 작업, 교육, 훈련 등에 스스로 열외했다. 아침 조회도 거의 나오지 않았다. 종일 내무실에서 티비를 보고 뒹구는 게 전부였다. 원하는 대로 하고 싶은 티비 시청만 했으니 기뻐야 하지 않았을까? 남들처럼 정해진 기간 이후에 군 생활을 하는 것에 대한 불만이 컸겠지만 매일 매일 괴로워했던 모습을 기억한다. 시간이 안 간다고 했다. 무료하다고 했다. 20대 초반 누가 봐도 혈기 왕성한 젊은이였지만 당시 그의 마음은 죽음을 앞둔 노인과 다를 바 없었다.

젊고 늙음이라는 사실은 존재하지 않는다. 다만 젊다고 생각하느냐 늙었다고 생각하느냐만 있을 뿐이다. 얼마나 멋진가? 성경의 이야기이긴 하지만 최장수한 사람은 창세기에 나오는 무드셀라로 969살까지 살았다. 의학기술이 발전하여 100세 시대라고 하지만 아무리 오래 살아도 200살 넘게 사는 사람은 없다. 세상에 살아있는 모든 사람은 예외 없이 젊다고 여길 수 있다는 것이다. 늙음은 나쁜 것일까? 극단적으로 엄마 배 속에 있는 태아를 기준 삼는다면 세상모든 사람은 나이가 많다. 성장을 해야 하기 때문에 미성년자를 태아와 비교하면 늙었다고 말하기에는 무리가 있지만 생각하기에 따라 그렇게 여길 수 있다는 말이다. 젊음과 마찬가지로 우리는 모두 스스로를 늙었다 여길 수 있다. 늙음 자체가 나쁜 건 아니다. 늙음이 나쁜 이유는 과거에 선택하지 못한 경우를 안타까워하기 때문이다. 그 경우들은 미래에 감당할 수 없을 만큼 펼쳐질 예정이고 현재에도 마주하고 있는데도 말이다. 어쩌면 마주친 기회에 선뜻 도전하지 못하는 용기없는 자신에 대한 그럴듯한 핑계일지도 모르겠다. 젊었을 때 하지 못했던 선택을 아까워하고 후회하며 시간과 에너지를 쓰면서 현재와 미래에 여전히 존재하는 기회를 외면하는 것이다. 대부분 사람이 같은 방향으로 생각하고 있으니 사회적으로도 용인되는 개념이기도 하다. 덜 불안한 생각 패턴이라는 말이다.

나는 젊다. 정확히 말하면 젊다고 생각한다. 젊음에는 특권이 있다. 젊은이는 도전할 줄 안다. 더 나은 인생 자아실현을 위해 도전하는 것이다. 그것이 곧 사회에 도움이 된다는 소명의식도 함께하면 지속 가능한 목표가 될 것이다. 누구나 인생은 한 번 산다. 다른 시점에 다른 환경으로 태어났지만 죽음으로 가는 본질에는 차별이 없다. 의미 있는 삶은 무엇인가? 어떤 삶이 의미가 있을까? 희생과 봉사로 대변되는 슈바이처, 테레사 수녀와 같은 삶일 수도 있다. 세계 역사를 조작할 정도의 부를 가진 로스차일드 일가의 삶일 수도 있다. 아니면 어떠한 삶도 의미가 없을 수 있다. 어디에 가치를 두느냐가 관건이 될 것이다. 어떤 이는 권력이나 돈 인기 또는 사후세계에 가치를 둘 수 있다. 나 같은 경우는 경험과 이를 통해 깨닫는 바에 초점을 둔다. 본능적으로는 나 역시 돈, 명예, 권력, 사후세계 등 다수의 욕망과 다르지 않은 것들을 좇고 있다. 앞으로도 유전자와 사회화로 각인된 욕망은 변하지 않으리라 생각된다. 하지만 이것들은 한계효용의 법칙에서 벗어나지 않는 효용만 줄 뿐 마약과 다르지 않은 일시적 만족으로 제한된다. 사후세계는 죽어봐야 알 수 있다. 내가 주인을 위해 일하는 삶에서 주인이 되는 삶에 도전하는 이유는 속박에서 벗어나 자유를 꿈꾸는 욕망에서 기인한다. 그뿐만 아니라 궁극적으로 인생의 의미를 쌓을 수 있는 경험을 선사해 줄 것이다. 결과에 무관하게 시작과 과정에서도 말이다. 새로운 도전을 해야만 경험을 하는 건 아니다. 한 직장에서 30년 일하면서도 수많은 일을 겪을 것이다. 그 경험들이 본인의 호기심과 욕망을 채우기에, 충분하다면 어느 누가 시비를 따질 것인가.

인간과 동물이 차이가 있다면 생각한다는 것이다. 세상 모든 사람은 누구나 생각을 한다. 욕망에 따라서 혹은 원하는 그 무언가를 위해서 말이다. 어떤 이는 성취를 위해 한 걸음씩 나아가고 어떤 이는 학습된 무기력 때문에 제자리에 있다. 어떤 행동을 하느냐와 무관하게 이상을 생각하는 본질에는 차이가 없다. 젊음은 스스로를 가두는 틀에서 벗어날 용기를 준다. 젊은이에게 도전은 당연하다. 젊음과 늙음은 주어지는 것이 아니라 선택이다. 나는 살아있는 한 젊게 살 것을 선택할 것이다.

살았지만 죽은 인생을 살고 싶은가? 그럼 아무것도 하지 말라. 정말 아무것도 안 하고 살 수 있는가? 그럼 그 인생은 이미 열반에 오른 것이다. 이도 저도 아니라면 일어서라 그리고 보아라. 자세히 보면 희미한 불빛이 보일 것이다. 아무것도 안 보이는가? 그러면 도움을 청해라. 어두워서 안 보이겠지만 분명 주위에 나를 도와줄 사람이 있다.

부딪치고, 깨지고, 다시 일어서고

까이꺼 아무리 깨지고 망가져도 설마 죽기야 하겠어?

새로운 것을 배울 때는 반드시 시행착오를 동반한다. 갓난아기는 옹알이부터 시작하여 말을 하기 시작한다. 가장 쉽고 자주 들었던 엄마, 아빠부터 시작한다. 처음부터 "어머니, 안녕하십니까?" 라고 인사하는 아이는 없다. 걸음마를 배우는 과정도 지난하다.

이제 막 태어난 조카가 있다. 처음 봤을 때는 어른 팔뚝만 한 작고 연약한 인형 같았다. 첫 일 주일은 눈도 잘 못 떴다. 살아있음을 알리는 작은 움직임과 생존을 위해 쉼 없이 입을 빠는 것 외에는 하는 일이 없었다. 시간이 지나면서 움직임도 같이 커졌다. 100일 즈음 되니 고통스러운 표정으로 온 힘을 다해 몸을 뒤집었다. 큰일이라도 했다는 듯 지켜보던 어른들은 손뼉 치며 축하했다. 이제 5개월 정도 되었는데 뒤집기에도 성공했다. 몸을 잡고 세워놓으면 다리에 힘도 제법 들어간다. 머지않은 미래에 걸음마를 할 것으로 기대된다. 아이가 곧 걸을 거라는 믿음은 모두가 같을 것이다. 하지만 아무도 조카가 한 번에 걸음을 걸을 거로 생각하지 않는다. 처음에는 어른이 잡아주지 않으면 서는 것조차 불가능할 것이다. 한 걸음 한 걸음 어른이 보여줘 가며 걷는 방법을 가르쳐야 한다. 다리에 힘이 충분히 생기면 스스로 설 수 있다. 그게 끝이 아니다. 한 걸음을 내디뎌야 한다. 그리고 당연히 넘어진다. 수 없이 넘어진다. 나도 학교 가기 전 4~5살 때를 기억한다. 수 없이 넘어져서 무릎에 상처가 없는 날이 없었다. 아이가 넘어졌다고 해서 걸음걸이에 실패했다고 말할 수 있는가? 한두 번도 아니고 수천 번 넘어졌다고 해서 아이보고 걷는 걸 포기하라고 할 수 있는가? 너무도 당연하게 아이가 넘어지는 걸 걸음을 배우는 과정이라고 생각하면서 도전에 대한 실패는 패배로 생각한다.

조건 없는 실천을 하라는 말이 아니다. 실천을 위한 실천이 아니다. 옳다고 생각하고 가치 있다고 느끼는 일이 있다면 될 때까지 해보자는 말이다. 기준이 될 수 있는 가치나 적성은 바뀔 수 있다. 또는 처음부터 정확하게 가치나 적성을 알기 어렵다. 여러 시행착오를 겪고 나서야 분명해지는 경우가 많다. 때에 따라서 전공을 바꿀 수도 있고, 이직할 수도 있다. 사업 아이템도 바꿀 수 있다. 사랑하는 사람도 바뀔 수 있듯이 말이다.

호기심이 많아 여러 종류의 취미를 가지고 있다. 중학교 때 같은 교회 좋아하는 여학생에게 잘 보이고 싶어서 기타를 배웠다. 지금 생각하면 놀라운 일이다. 나는 성장이 늦어서 중학교 때는 아주 작고 힘없는 아이였다. 좋아하는 여자에게 잘 보이겠다는 일념 하나로 기타에 몰입했다. 고사리 같은 손으로 쇠줄을 눌러 소리를 내는 게 쉽지 않았다. 힘도 없었지만, 손끝에 느껴지는 기타 줄은 점점 뜨거운 고통으로 느껴졌다. 배우는 과정이 고통스럽고 지루해도 포기할 생각은 없었다. *Stairs in heaven*을 연습해서 그 여학생에게 꼭 들려주고 싶은 욕망이 컸기 때문이다. 처음 한 달의 시간 동안에 손가락에 굳은살이 생겼다. 지금도 못 치는 편은 아니지만, 그때 3달간 연습한 실력과 크게 다르지 않다. 원하는 시점에 원하는 곡을 그녀가 들을 수 있는 곳에서 연주했다. 그녀와의 만남에 성공하지는 못했지만, 기타연주는 취미가 되어 삶을 풍요롭게 했다.

학창시절 작고 외소했다. 힘도 약하고 운동도 잘 못 했다. 친구들과 축구나 농구를 하게 되면 운동신경이 없다는 말을 자주 들었다. 그 말은 나에게 큰 상처가 되었다. 초등학교 이후 축구와 농구를 피했고 정말 운동에 재능이 없는 사람이 되었다. 운동신경에 대한 열등감을 극복하고 싶어 성인이 되어 수영, 스노우보드, 골프를 배웠다. 자유형, 배영, 평영, 접영 하나하나 차근차근 배웠고 쉬는 날 혼자서 연습도 했다. 지금은 수영을 잘하는 편이 되었다.

처음 스키장에 갔을 때가 생각난다. 20살 대학 친구들과 가평에 비발디 스키장에 갔었다. 초보 코스에서 잘 서지도 못하는 실력이었지만 남자는 중급에서는 놀아야 한다는 말에 중급으로 따라갔다. 스키를 탔다기보다는 굴러서 내려왔다는 표현이 맞을 것이다. 한 번 내려오는 데 40분이나 걸렸다. 다음날 씻으려 옷을 벗으니 엉덩이에 커다란 멍이 있었다. 스키에는 트라우마가 생겨 스노보드로 종목을 바꾸었다. 스키보다는 크고 넓으니 덜 넘어질 거라 생각했다. 예상은 틀렸다. 또 줄기차게 넘어졌다. 온몸이 멍투성이였다. 어떻게 됐겠는가? 스노우보드를 멋지게 잘 타고 싶었다. 멋지게 잘 미끄러져 내려오는 모습을 내 자아로 삼고 싶었는지도 모르겠다. 그 시즌에 시즌 패스를 끊어서 매일같이 스키장에 갔는데 10일쯤 되던 날부터는 넘어지지 않았다. 잘 타게 되니 두려움도 없어졌다. 적당한 두려움은 짜릿함으로 바뀌었고 성취감을 맛볼 수 있었다.

대학교에서 교양강의로 골프를 배웠다. 지금도 그렇지만 골프는 부자들이

하는 스포츠라는 인식이 있다. 아마 학교에 교양강의가 아니었다면 아직 시도도 못 했을 수도 있다. 주 1회 한 학기 동안 얼마나 배웠겠는가. 겨우 공을 치는 정도였다. 역시 더 잘 치고 싶었다. 부자여서 자연스럽게 골프 치는 사람이 아니라 운동신경이 나쁘지 않아 골프도 잘 치는 사람으로 인식되고 싶었다. 졸업 후, 골프연습장에 등록하여 열심히 쳤다. 손에 굳은살이 박이고 피가 날 정도로 쳤다. 자세를 봐주는 프로는 주로 예쁜 아주머니들에게 시간을 썼다. 괜찮았다. 유튜브에 훌륭한 강의가 많이 있었다. 집에서 거울 보고 연습하고, 비 와서 우산 들고 외출한 날은 우산을 골프채 삼아 스윙연습을 했다. 지금은 친구 중에 내가 골프를 제일 잘 친다.

운동신경이라는 게 없다고 생각하지는 않는다. 재능도 분명히 있다. 같은 시간을 할애해도 성과 차이는 분명히 있다. 하지만 목적을 생각해 본다면 얘기는 조금 달라질 수 있다. 1등 하는 것이 목적이라면 재능을 빼놓고 얘기할 수 없다. 수영에는 올림픽 금메달만이 목표라면 수영에 도전할 사람은 많지 않다. 모든 사람의 목표가 1등인가? 사업하는 사람은 빌게이츠나 이건희만큼 성공할 야망이 있어야만 하는가? 그렇지 않다. 그 목표는 수준에 맞게 원하는 정도로 지극히 개인적인 수준으로 정하면 되는 것이다. 이렇게 놓고 보면 재능을 따질 필요가 없어진다. 어쩔 수 없는 환경이 없어지는 것이다. 주관적으로 이룰 수 있는 목표를 설정했는데 재능이 없다는 게 핑계가 될 수 없다. 재능이라는 말은 어쩌면 1등인 사람이 나머지 사람들과 자신을 구분하기 위해 지어낸 허구일지도 모른다. 치고 올라오는 사람들에게 재능이라는 말은 의지를 꺾고 주저하게 되는 힘이 있기 때문이다. 재능이라는 말은 잊도록 하자. 원하는 게 있다면 하면 된다. 재고 따지지 말고 그냥 하자. 해도 안 되면 어떻게 하냐고? 그럼 그때 가서 고민하면 되는 것이다.

경험만큼 값진 재산은 없다

인간은 경험하면서 배우고 깨닫게 되는데, 어쩌면 그게 인간의 삶의 이유가 아닐까?

만약 뉴질랜드에 어학연수를 가지 않았다면 지금 어떤 인생을 살고 있을까? 뉴질랜드에서 영어를 배우면서 인생이 많이 달라졌다.

아직도 영어포기자로 남아 있을 것이다. 뉴질랜드에 가기 전에 나는 영어 한 마디 제대로 못 했다. 겨우 Hello, how are you? 하는 정도였다. 영어로 말할 기회도 없었지만, 너무 어렵다고 생각되어 관심을 가지려고 하지도 않았다. 다른 사람들과 마찬가지로 영어를 잘하면 좋겠다는 생각을 했었다. 배울 시도도 못 할 만큼 어렵다고 생각했지만, 영어를 잘하고 싶다는 생각은 들었다. 미국으로 대표되는 서양문화에 대한 사대주의가 있었다. 미국 영화를 보면 좋아 보였다. 미국사람의 외모, 미국식 건물, 매너 등 세계 최 강대국답게 여러 면에서 우월 해 보였다. 그래서일까 그 사람들이 쓰는 언어도 왠지 우월해 보였다. 샬라샬라 흉내 내기도 어려운 발음이지만 뭔가 세련되고 지적인 발음이었다. 지금 생각해 보면 왜 한국에서 영어 공부하려고 시도하지 않았을까 싶다. 그 정도 영어에 대한 관심이었으면 혼자서도 가능했을 것이다. 서점에 영어 공부방법을 비롯한 교재 쉽게 구할 수 있고 인터넷에는 더 많은 정보가 있었다. 돈을 좀 들여서 학원에 다니면 더 효과적으로 개선할 수도 있다고 생각한다. 이때도 학습된 무기력에 빠지지 않았나 생각된다. 일단 내 주변에는 영어공부에 성공한 사람이 없었다. 대부분 나와 같은 영어포기자들뿐이었다. 내가 공부를 좀 하려하면 조언이랍시고 이런 말을 해주었다.

"니가 무슨 영어공부야. 공부한다고 잘할 것 같으면 아무나 하지. 그냥 살던 대로 살아."

"영어공부? 왜? 미국 가려고? 아니면 왜?"

학습된 무기력자들로서 당연히 나올 수 있는 반응이라고 생각한다. 그 이상을 생각할 능력을 잃어버린 것이다. 무언가 새로운 일에 도전하고 싶은데 뭘 어떻게 해야 할지 모르겠는가? 앞서 같은 길을 걷고 있는 사람을 찾아라. 그 사람들에게 조언을 구하라. 절대로 학습된 무기력에 빠진 사람의 조언은 듣지 마라. 수영을 배우고 싶으면 수영을 할 줄 아는 사람에게 배워야 한다. 공부를 잘하고 싶으면 공부하는 방법을 아는 사람에게 물어봐야 한다. 피아노를 배우고 싶으면 피아노를 치는 사람에게 배워야 한다. 우리는 쉽게 주변인에게 조언을 구한다. 가족이나 친구들에게 말이다. 운이 좋아 필요한 대답을 들을 수도 있겠지만 대부분은 왜 그 도전을 하면 안 되는지에 대한 이유를 들을 가능성이 더 크다.

영어가 안 되니 편입 생각을 못 했을 것이고, 단국대에서 영어 말하기 대회에 참가할 생각도 못 했을 것이다. 학교에서 주최하는 영어 말하기 대회에 참가했다. 5분 영어로 말하는 방식이었다. 대본에서 통과하고 예선을 보았다. 한국어로도 남들 앞에서 말하려면 떨리는데 영어로 하려니 더 힘들었다. 차근차근 외운 기억을 더듬어가며 읊어 나갔다. 어떻게 시작하고 끝났는지도 모르겠다. 정신을 차리고 남들 하는 걸 보았다. 한국어보다 영어를 더 편하게 하는 교포도 있었다. 운이 좋아 본선에 진출했다. 대회장에 갔다. 앞에 참가자들이 유창하게 세련된 제스처를 써가면서 발표하는 게 보였다. 그리고 그 앞에는 200여 명의 관중이 있었다.

'아, 저 많은 사람이 콩글리시 수준의 내 영어 실력과 원어민 수준의 다른 참가자들의 실력을 비교할 텐데, 너무 창피하다.'

대회에 참가한 것에 후회했지만 너무 늦었다. 도망갈 곳도 없었고 여기까지 와서 무책임하게 기권할 수도 없었다. 내 차례가 되었다. 머리가 복잡했다. 발표할 내용이 구체적으로 생각나지 않았다. 선택해야 했다. 복잡한 심경에서 어렴풋이 기억나는 내용을 더듬어가며 발표를 하든지 대충 의미만 얘기하되 익숙한 표현을 해야 했다. 유창해 보이는 게 나을 것 같았다. 확실하게 아는 부분만 익숙한 표현으로 하니 어려울 건 없었다. 발표 시간이 좀 짧아지긴 했지만 패닉스럽게 두렵지는 않았다. 참가상에 만족해야 했지만 중요한 걸 알게 되었다. 사람들 앞에서는 욕심내지 말고 확실히 아는 것만 전해야 한다고 말이다.

국제 대회 봉사활동을 해보지 못했을 것이다. 2009년 경상남도에서 열린 세계 합창올림픽에 봉사활동으로 참여했다. 뉴질랜드에서 배운 영어를 사용할 좋은 기회였다. 50여 개국이 넘는 나라에서 대회에 참가했다. 인종을 넘어 다양한 사람들이 왔다. 참여한 합창단만큼이나 봉사 온 학생들도 전국 각지에서 모였다. 대회 시작 전날 우리 봉사단은 대회장에 모여 교육을 받았다. 새로운 사람들과 세계적인 대회에 함께 일하게 되어 기쁘고 즐거웠다. 대회가 시작되자 눈코 뜰 새 없이 바빴다. 합창단 따라다니며 필요한 거 챙겨주고 관계자 지시사항 따라 주는 등 할 일이 많아 일이 끝나면 피로했다. 하루하루가 마무리 되면 봉사자들끼리 모여 술과 함께 서로의 이야기를 나누었다. 남녀가 함께하다 보니 몸은 피로했지만 밝은 분위기로 즐겁게 하루하루를 보냈다. 대회가 1주일째 접어들었을 때 문제가 생겼다. 당시 신종플루가 유행하기 시작했는데 참가자 중에 확진 판정자가 나오기 시작한 것이다. 대회가 중단되었다. 큰 규모의 대회가 중간에 중단되었다는 사실이 믿기지 않았다. 나만큼이나 사람들도 못 믿는 눈치였다. 모두 우왕좌왕했다. 봉사자들은 하나둘 집으로 돌아가기 시작했다. 처음에는 혼란스러웠지만, 점점 정리되어가는 분위기였다. 나역시 돌아가려고 대회장을 나가고 있었다. 그때 해외에서 온 참가자들이 보였다. 그들은 말도 안 통하는 나라에 대회참가 차 왔다가 오도 가도 못하는 신세가 되었다. 봉사자들도 다 집에 돌아갔으니 필요한 사항을 들어줄 사람도 없었다. 그들을 외면하기 어려웠다. 그들을 도와줄 사람이 아무도 없다면 대회뿐만 아니라 나라가 욕먹을 것 같았다. 그렇게 하루를 더 지내고 정리가 되어 집으로 가는 열차에 몸을 실었다. 오지랖이 좀 있었지만 할 만큼 했다는 뿌듯함을 안고 가는 중 미열이 느껴졌다. 혹시 나도 신종플루에 걸린 게 아닌가 하는 의심이 들었다. 부모님께 전화하여 얘기했더니 기차역에 구급차가 와있었다. 하루를 근처 병원에 격리되어 검사결과를 기다렸다. 신종플루 확진 판정이 났다. 홍성에는 격리병동이 없어서 6인실 병동을 나 혼자 썼다. 아무도 없는 방에 간호사도 잘 들어오지 않았다. 그때는 신종플루가 흔하지 않아 매일 뉴스에 몇 명 확진자가 나왔다고 뜨던 때였다. 죽을지도 모른다는 생각이 들었다. 확진 판정을 받고 나니 더 아픈 것 같았다. 열이 너무 심해 잠을 잘 자지 못했다. 해열제를 두 알씩 먹어야 겨우 잠들었다. 그리고 약 기운이 떨어지면 또 잠에서 깼다.

다음날 엠뷸런스를 타고 격리병동이 있는 전북대 병원으로 갔다. 엠뷸런스 뒤에 누워있는데 기분이 묘했다. 이 기회 아니면 똑바로 누워서 차를 타볼 수 있을까 하는 생각이 들었다. 격리병동에 가니 나와 같은 사람들이 5명 더 있었다. 다들 심각한 병으로 알고 있어도 그런 사람들만 모이니 모임 자체로 위로가 되었다.

해외업무를 해보지 못했을 것이다. 초등학교 다닐 때 아버지는 큰 액자에 세계지도를 넣어 걸어두셨다. 그리고 넓은 세계를 보며 미래를 꿈꾸라고 말씀하셨다. 안 그래도 지리에 관심이 많았는데 커다란 세계지도는 새로운 세계에 대한 호기심을 확대해 주었다. 왕성한 호기심과는 반대로 영어에는 두려움이 컸다. 나는 안 될 것이라는 학습된 무기력으로 시도도 제대로 못 해봤고 어렵게 시도해도 오래가지 못했다. 뉴질랜드에 다녀오면서 영어 실력은 크게 늘었다. 아직도 콩글리시 수준에서 크게 벗어나지는 못하지만 하면 되고 그렇게 안 되던 나도 할 수 있다는 자신감을 느끼게 되었다. 언어뿐만 아니라 실제로 외국 사람들과 지내보면서 문화를 체험했다. 서로 문화적 충격을 느끼기도 하고 때로는 사람 사는 게 비슷하다는 생각을 하기도 했다. 이후, 해외에 관련된 일을 하고 싶다는 생각을 하기 시작했다. 취업의 기회가 왔을 때 항상 해외업무 키워드를 찾게 되었고, 두 번째 직장부터는 해외 사업부에서 일하게 되었다.

해외 어느 나라든 살 수 있다는 자신감이 없을 것이다. 백문이 불여일견이라는 말이 있지 않은가? 한번 봐도 백번 책으로 보는 것보다 나은데 삶을 체험하면 어떡하겠는가? 나는 실제로 뉴질랜드, 호주, 싱가포르에 각 1년 이상씩 살아봤다. 처음에는 기초적인 생계도 걱정이 됐지만, 이제는 생존할 수 있다고 믿는다. 직접 경험해서 알게 된 것이다. 앞으로 기회가 된다면 어느 나라든지 살 수 있다고 자신한다.

글에 모든 걸 열거할 수는 없지만, 경험은 그런 것이다. 경험을 통해서 우리는 진정으로 학습을 하게 된다. 자신을 믿는 믿음을 뜻하는 자신감은 특별한 무언가가 아니다. 내가 원하는 어떤 걸 할 수 있느냐에 대한 자기 효용 감이 있느냐 하는 말이다. 여러 가지 방법이 있다. 하버드 연구에서 밝혀진 것처럼 양팔을 크게 벌려 남성호르몬 수치를 높일 수 있다. 공격성이 강해지는 호르몬이니 자신감이 일시적으로 상승할 수 있다. 궁극적으로는 실제로 성공한 경험이 있어야 한다. 처음부터 유명한 탐험가가 될 수 없고 큰 부자가 될 수 없다. 작은 것부터 차근차근 이루어지는 것이다. 성취하고 싶은 무언가가 있다면 일단 할 수 있는 범위 내에서 해보기를 바란다. 실제 경험은 학습된 무기력 내에서 느낀 두려움보다 두려움의 크기가 크지 않다. 성인이 수영장 물에 빠지면 아무 일이 일어나지 않는다. 자전거를 타다가 넘어진다고 해도 다리가 부러지거나 죽을 가능성은 크지 않다. 나는 지극히 평범하지만, 뉴질랜드에서 영어를 배워왔다. 외국인과 같이 살아봤다. 잘 다니던 직장을 그만두었지만 굶지 않고 있다. 새로운 일에 우리가 생각하는 것처럼 큰일은 일어나지 않는다. 실체 없는 두려움 속에서 걱정이 확대된 것이다. 어떤 일이든 시작하고 나면 길이 생긴다. 외국에서 영어 한마디 못해 길을 헤매고 있으면 어떤 방법으로든 도움을 받아 살 수 있는 길이 생긴다. 이직이나 사업도 마찬가지다.

제7장
바보처럼 경험하고 부자처럼 꿈꿔라

자신감과 불안감의 균형

뭐든 적당한 게 좋은 거지

만약에 자신감이 지나치다면 어떨까? 어떤 목표에 대해 자신감이 넘친다면 이를 위한 준비를 부족하게 할 수 있다. 스스로를 과대평가하고 목표를 얕잡아 볼 수 있다는 말이다. 현재 위치가 어떻게 되는지 파악하고 부족한 부분을 채우는 방식으로 보완해야만 목표를 달성할 수 있다. 주변에 잘 나가던 사람이 지나친 자신감으로 새로운 일을 시작했다가 얼마 가지 않아 실패하는 사례를 쉽게 볼 수 있다.

앞서 언급했듯 나의 부모님도 세탁업을 하다가 다른 일에 손을 대 목돈을 날린 적이 여러 번 있었다.

회사에서는 잘 나가던 사람은 자신감이 넘친다. 본인의 일에 대한 탁월함이 인정받아졌기 때문이다. 종종 과한 자신감으로 자신을 일을 시작하는 사람이 있다. 객관적인 지표로는 안 될 상황임에도 본인은 다르다는 오만함으로 무리

하게 추진하는 때도 있다.

자신감은 '대충 되겠지.' 하는 마음가짐이 아니다. 자신감은 두려워서 아무것도 하지 못하는 이들에게 일어나 한걸음 내디딜 용기를 주는 마음이다. 상황은 언제나 객관적으로 판단해야 한다. 최악의 경우도 대비하면서 일을 준비해야 한다.

자신감과 자존감에는 차이가 있다. 자신감은 사전에서 '자신이 있다는 느낌'으로 정의한다. 자신이 있다는 느낌은 목표를 이룰 수 있다는 믿음이 있을 때 나온다. 이를 자기 효능감이라고 부르기도 하는데, 자기 효능감이란 개인이 어떤 효과를 얻고자 할 때 과제나 행동을 성공적으로 수행해낼 수 있는가에 대한 느낌을 말한다.

자존감은 '자기의 품위를 스스로 지키는 느낌'으로 정의한다. 자신감과 다르게 성취 경험과 무관하게 스스로를 높여 생각하는 마음이라 할 수 있겠다.

자신감은 우열에 나뉘어 우월하다고 생각되면 높아지고 더 우월한 존재가 나타나면 상대적으로 열등해진다. 상황에 의존적이라고 할 수 있다. 자존감은 대상에 관계 없이 스스로에 대한 객관적인 평가가 이루어져 우열은 사실로만 받아들일 뿐 감정에 영향을 덜 준다고 할 수 있다.

모든 사람은 비교 대상에 따라 우월하거나 열등하다. 대상과 비교해 우월할 때만 행복감을 느낄 수 있다면 끊임없이 평생 우월해지고 유지하기 위해 노력해야 하고 결국에는 다른 누군가에 의해 열등해질 것이다. 불가능하다는 말이다.

반대로 불안감이 지나치다면 어떨까? 지나친 불안감은 새로운 일을 시작하기 어려운 상황을 만든다. 현실에 불만이 있어도 다른 것을 생각하지 못하게 한다.

가난하다는 사실이나 남들보다 열등한 처지가 우리를 불행하게 하지 못한다. 진짜 불행하게 만드는 건 아무것도 할 수 없다는 무기력감에 빠져서 극히 제한된 삶을 사는 데 있다. 더 안타까운 것은 아직은 도전하고 실패할 권리가 있는 2030 세대의 마음에 이미 은퇴자들의 걱정과 불안으로 가득 차 있다는 것이다. 매스컴을 통해 N포세대의 현실을 자주 접해본다. 경제 성장률이 주춤해지고 양질의 직장은 줄어들고 있다. 이에 비해 대학교육을 받은 고 학력자들은 넘쳐나서 수준에 맞는 일자리를 구하지 못하고 있다. 4년제 대학을 졸업했지만 마땅한 정규직을 구하지 못해 아르바이트하는 사람이 얼마나 많은가? 아르바이트한다고 해서 그 직업을 비하하려는 의도는 없다. 다만, 정규직을 갖기를 원하지만 능력이 안 되어 아르바이트에 머물러 신세를 한탄하고 있는 젊은이들을 말하는 것이다.

정규직이 세상의 성공을 말하지 않는다. 아무리 좋은 대기업에 다닐지라도 대기업 직원이라는 신분이 행복으로 연결되지 않는다. 획일화된 교육으로 우리는 같은 목표를 바라봤기 때문에 이런 문제가 생겼다고 생각한다. 초중고는 대학을 위해 대학은 취업을 위해 존재하지 않았는가? 취업은 곧 좋은 직장(대기업, 고소득 직군)을 의미했고 여기에 미치지 못한 나를 비롯한 N포세대는 절망하고 방황할 수밖에 없었다. 획일화된 교육에 획일화된 목표를 가지고 있는 사회에서 어쩌면 지금 우리 젊은 세대에서 겪는 우울감은 피할 수 없을지도 모른다.

좋은 직장 취업에 성공한 사람들은 과연 행복할까? 좋은 직장과 행복에는 연관성이 크지 않다. 비교적 덜 좋은 직장에 다니는 사람과 만나면 비교적 우월감을 느낄지는 모른다. 하지만 분명 더 좋거나 좋아 보이는 직장에 다니는 사람을 만나면 바로 열등감을 느낄 것이다. 회사생활 자체를 보면 개인의 특성이

냐 성향은 무시된 채 획일화된 룰과 문화에 강제적으로 따라야 하는 어려움이 있다. 특히 우리나라는 수직적인 관계로 업무 자체뿐만 아니라 조직 내 인간관계에서 어려움을 겪는 경우가 많다. 이는 회사 규모와는 무관하다.

하고 싶은 말은 남들이 우러러볼 만한 직장에 들어가지 못했다고 해서 우리의 인생이 실패한 게 아니라는 것이다. 좋은 직장도 그렇지 않은 직장들과 맞먹을 정도의 불완전성이 있고 궁극적으로는 자아 성취를 하기에는 한계가 있다. 바쁘고 일에 치이다 보니 뭘 잘하고 뭘 하고 싶은지 잊고 사는 대기업 직장인들이 많다. 하고 싶지 않은 일일지라도 대기업이라는 타이틀을 놓치고 싶지 않아서 억지로 다니는 사람도 있을 것이다.

그에 비한다면 아르바이트하는 직장인은 자기만의 일을 찾고 개발하기에 아주 좋은 기회에 있다고 볼 수 있다. 시급제이다 보니 출퇴근 시간이 명확하다. 퇴근 이후에는 시간이 많다. 그 시간을 활용해 자기를 돌아볼 수 있다. 지금까지의 인생을 돌아보면서 앞으로의 방향을 설계해볼 수 있다. 방향과 목표가 설정되면 시행해 볼 수도 있다. 돈 들이지 않고도 시작할 수 있는 일이 생각보다 많다. 지금 나도 글을 쓰고 있지 않은가? 이외에도 인터넷을 활용해서 할 수 있는 일이 많이 있다. 아무것도 떠오르지 않는다면 자수성가 한 사람들의 책을 읽어보기를 권한다. 과거부터 지금까지 수많은 사람이 사회적으로 보면 평범하거나 열등한 위치에 있던 사람들이 노력하여 성공해 왔다. 그들의 경험을 학습하길 바란다. 아무것도 보이지 않는다면 그들이 공통으로 알려주는 방향으로 일단 시작하면 된다. 그들은 이미 터널을 나온 사람들이다. 개인적으로는 레버리지, 부의 추월차선, 메신저가 되라를 추천한다.

설을 이용해 일본여행을 갔을 때 가이드에게서 들은 말이다. 요즘 일본에서는 젊은 층에서 이상한 움직임이 있다. 일본은 우리보다 10년 20년 앞서서 취업무제가 있었다. 지금은 젊은 층 인구가 줄고 있어 양질의 일자리가 많아졌음에도 정규직을 거부하는 젊은이들 있다. 다수는 장기 불황으로 욕망이 거세되어 조금 벌고 조금 쓰는 삶에 익숙해져 그렇다는데, 일부는 남는 시간에 좋아하는 일을 하려고 일부러 정규직을 피한다고 한다. 우리나라도 그렇지만, 일본도 업무 강도가 세고 야근이 잦기로 유명하다. 일본에서 정규직으로 일을 하게 되면 일 외에 다른 것을 생각하기가 어렵게 되는 것이다. 시간제 단순 업무를 하면서 돈은 적게 벌어도 하고 싶은 일을 병행함으로써 자아를 찾고 개발할 수 있는 시간을 버는 것이다. 처음엔 취미로 시작했더라도 경험이 쌓이면 전문성이 쌓이게 되고, 결국 전문 자영업자로 성공하는 경우가 생기고 있다고 한다. 매체에서는 일본 젊은이들이 희망을 잃어 나약해져만 간다고 우려하고 있지만, 그 가이드는 다른 관점으로 보고 있었다.

우리나라도 일본이 그랬듯 취업 문제를 마주하고 있다. 모두가 대기업 "좋은 직장"을 원하고 빠른 승진을 원하지만, 그 자리는 충분치 않다. 능력이 좋아 그 자리에 오른다 해도 일과 자아가 맞지 않으면 점점 괴리되어 삶의 의미를 잃어가기도 한다. 소품종 대량생산으로 대표되던 산업화사회는 저물고, 4차 산업혁명 시대가 도래하고 있다. 이미 소비자는 자신에게 딱 맞추어진 차별화된 제품을 찾고 있다. 그리고 차별화된 가치가 인정되면 저렴하지 않더라도 기꺼이 값을 지불한다. 이러한 사회 변화는 흙수저로 태어나 특별한 재주나 능력 없어 서민으로 살아온 우리에게 기회가 될 것이다. 남은 흉내 낼 수 없는 나를 발견하고 개발하는 것이다. 그리고 브랜딩화 된다면 하고 싶은 일을 하면서 세상 어떤 직장보다 만족스러운 "좋은 직장"을 창출하게 될 것이다.

너를 살아라!

자기 주도적인 삶이 가능해질 때
비로소 진정한 의미의 삶을 산다고 할 수 있지 않을까?

지인 중 한 명이 내가 직장을 그만두고 아르바이트하며 생각하는 시간을 보낼 때 이런 말을 했다.

"야, 너 너무 막사는 거 아냐? 니가 사춘기 청소년도 아니고 미래를 생각하면 빨리 취직해야지. 언제까지 빈둥거릴 거야?"

막사는 게 무엇일까 생각해 보았다. 정말 막사는 인생을 떠올려 봤다. 공포 영화에 나오는 사이코패스처럼 사람을 죽이고 범죄를 저지르는 삶이 있을 수 있다. 실제로 군 시절 실탄을 소지하고 다니면서 동기들과 이런 농담을 했다.

"전쟁이 나면 적군의 공격에 죽기 전에 아군끼리 뒤에서 쏠 것 같아."

선배의 괴롭힘이 계속되면 폭력을 써서라도 보복하고 벗어나고 싶은 마음이 들었다.

방탕한 사람으로 술과 유흥을 즐기며 사는 모습도 있었다. 때로는 일탈의 형식으로 위와 같은 생각이 들 때가 있는 게 사실이다. 능력이 없거나 어떤 이가

방해해서 안 하는 건 아니다. 범죄를 저지르면 죗값을 치러야 한다. 양심의 가책, 사람들의 공분, 법적 처분 등 유형무형의 죗값이 있을 수 있다. 모은 돈을 유흥에 탕진하면 미래가 없어진다. 더 가치가 있다고 생각하는 곳에 쓰기 위해 순간적 충동을 절제하는 것이다.

이러한 관점에서 보면 나는 내 인생을 한 번도 막살지 않았다. 주어진 환경 안에서 나에게 유리한 결정을 하면서 살았을 뿐이다. 군대에서 선배와 싸우지 않은 이유는 이후 보복에 대한 두려움이 더 컸기 때문이다. 후배를 폭행한 이유도 폭력 본능을 주체하지 못했다기보다는 그게 내 역할이라고 생각했기 했기 때문이다.

어쩌면 인간에게 막산다는 말 자체가 성립하지 않는다고 할 수 있다. 양심, 도덕, 법의 제한으로 선택하지 못한 기회들에 대한 아쉬움이 그렇게 표현될 뿐이다.

나는 직장을 그만두고 쉬면서 다양한 시도를 했었다. 삶에 대한 궁극적인 질문 앞에서 긴 시간 고민했다. 나는 어디서 와서 어디로 가는가? 신은 있는가? 삶의 의미는 어디에 있을까? 그때 끝까지 고민하는 시간이 없었더라면 아직도 정리하지 못한 채 화장실에서 큰일을 보는 중간에 끊고 나온 것 같은 찝찝한 마음으로 살고 있을 거라 생각된다.

요약하자면 나는 신은 있다고 생각한다. 누군가는 천지 만물을 있게 했을 거로 생각한다. 방법이 창조든 진화든 중요치 않다. 그렇다고 종교 활동에 의미를 두진 않는다. 기독교, 천주교, 불교, 이슬람교 등 시중에 나와 있는 종교 활동은 상업적이다. 어떤 종교 활동이든 결국은 나를 위한 활동이기 때문에 찬물 떠놓고 빌던 우리 무속신앙과 다를 바 없다고 생각한다. 십계명에는 나 이외의 다른 신을 섬기지 말라고 강조하여 명령한다. 대부분 종교인이 구하는 것은 결국 나의 행복과 구원 그리고 성화 제한된다. 결국, 자신을 섬기는 우상숭배에 불과하다는 것이다.

나에 대해서 깊은 성찰을 했다. 퇴사 직전까지 거액의 헌금까지 낼 정도로 종교 활동에 열정적이었다. 나의 열정적인 활동들이 불가피하게 나만을 위했던 것들임을 깨닫고 생각을 정리해 보았다. 한 발 뒤로 물러나 내 삶을 되도록 객관적으로 보려고 해봤다. 이전에도 비슷한 물음이 없던 건 아니었지만 회사 생활과 교회 생활을 바쁘게 하다 보면 다른 생각을 할 틈이 없어진다. 사랑에 눈이 멀게 되면 상대방을 주관적으로 좋게만 보지 않는가? 이별 후에 한발 뒤로 물러나 따져보면 그제야 보이는 것들이 생기는 것이다.

기타연습을 했다. 중학교 때부터 기타를 쳐왔기 때문에 못 치는 건 아니었지만 가끔 기타 치며 노래하는 수준이었다. 시간을 충분히 가지면서 어려운 곡들에 도전했다. 다수의 국내 가수들의 곡들도 했지만 오시오코타로의 황혼을 연습한 건 이때 시간과 마음의 여유가 없었으면 못 했을 것이다.

개인사업을 진행해 보았다. 회사생활이 더는 안 맞는다고 생각되어 사업에 도전했었다. 직전까지 하던 일이 수입이어서 해외업체들을 검색했었다. 엑셀 파일에 검색한 회사정보를 하나하나 입력했다. 업체별로 이메일과 전화를 하여 진행 상황을 표시했다. 이후에 투자가 들어가야 하는 단계에서 마케팅과 유통 쪽에서 막혔다. 물건을 사업 할 자본도 부족했다. 이외에도 여러 가지 이유로 진행하지는 못했지만, 혼자서도 회사에서 일하듯이 사업을 할 수 있겠다는 가능성을 보았다. 몇몇 업체에서는 가 해외 생활을 하는 동안에도 자기네 물건 팔아달라고 연락이 왔었다. 해외사업은 지금도 관심이 있다. 못다 한 부분은 다시 도전하기 위해 준비 중이다.

새로운 게 두려운 건 당연하다. 죽음이 두려운 건 죽어 본 적이 없기 때문이다. 유치원이나 초등학교에 입학할 때 두려워하는 아이들이 많지 않은가? 그럼 어른은 아이들이 두려워한다고 학교에 안 보내는가? 두려워한다고 해서 초등학교에 안 보내는 부모가 있는가? 사랑스러운 자녀가 두려워함에도 불구하고 군이 학교에 보내는 부모는 어떤 마음이겠는가? 학교는 두려움을 극복하고서라도 꼭 가야 하는 가치가 있는 것이다. 이미 겪어본 부모는 그 두려움이 일단 학교에 들어가면 누그러들 것도 알고 있다. 익숙해지고 친구가 생기고 적응되면 학교 가는 걸 오히려 좋아하게 되기도 한다.

틀에서 벗어난 새로운 경험도 비슷하다. 새로운 건 두렵다. 모르기 때문이다. 우리의 생각의 틀 안에 있지 않아 생각이 통제가 안 된다. 작은 걱정은 생각이 거듭되면서 증폭되어 시도도 못 할 만큼 큰 두려움으로 변한다. 성인이니 스스로 생각해 보라. 그리고 충분한 가치가 있다고 생각된다면, 그것이 두려움에도 불구하고 시도해보기를 권한다.

16세기 까지만 해도 사람들은 지구가 평평하다고 생각했다. 바다를 항해하다 보면 수평선 너머 바다 끝이 있고 뒤에 절벽이 있어서 떨어지는 줄 알았다. 이러한 사고의 오류는 마젤란 탐험대가 세계 일주를 경험해 보고 나서야 깨지게 된다. 이전의 수천 년 시간과 비교하면 항로개발, 무역, 신대륙 발견 등 비약적인 발전을 이루게 된다. 바다 끝에서 떨어져 죽을 거라는 두려움을 이겨내고 항해를 시도한 마젤란 탐험대가 없었다면 인류의 발전은 정체되었을지도 모른다. 우리의 경험의 세계도 마찬가지다. 학습된 무기력은 우리에게 아무것도 하지 말라고 한다. 새로운 걸 시도해 봐야 손해가 더 크다고 말한다. 하지만 그렇지 않다. 새로운 경험은 세계를 바라보는 가치관을 확장할 뿐만 아니라 내면 바라보는 힘을 길러준다. 주저하고 있다면 실천해보기를 바란다. 경험의 세계도 평평한 게 아니라 지구와 같이 둥글다는 것을 알게 될 것이다.

삶의 내비게이션

이 세상에 존재하는 모든 새로운 일에는 나보다 앞서 경험한 사람이 있기 마련이다.

미성년자는 성년이 될 때까지 부모의 도움을 받아 살아간다. 삶의 결정을 할 때 먼저 경험한 부모의 노하우와 통찰력에 의지하여 최적의 선택을 하게 된다. 성년이 된 이후에도 부모의 조언을 들을 수 있겠지만 한계가 생긴다. 부모가 할 수 있는 조언의 분야는 제한적이다. 그뿐만 아니라 객관적인 입장에 서지 못하고 내 자식이라는 강박관념에 조언에 그치지 않고 강압적인 권유로 이어지기 십상이다.

인생에 멘토가 중요하다는 사실은 누구나 다 아는 사실이다. 물론 혼자서도 못 할 건 아무것도 없다. 공부도 그냥 하면 되지 않는가? 하다 보면 자신만의 비법이 생기고 효율이 늘기도 한다. 수영이나 각종 스포츠도 마찬가지다. 혼자서 시도하고 터득할 수 있다. 현대사회는 정보의 바다이지 않은가. 책을 비롯한 오프라인 강의들이 넘쳐난다. 크게 돈을 들이지 않고 유튜브를 비롯한 온라인 정보만 이용해도 어느 정도의 성과를 낼 수 있다. 나 역시 유튜브를 통해 오시오코타로의 황혼을 배웠다. 골프스윙은 프로선수들의 동영상과 무료강좌를 통해 배웠다. 하고자 하는 의지가 있으면 돈을 들이지 않고 할 수 있는 게 많다. 하나하나 배워가면서 참 좋은 세상임을 느낀다.

성공한 사람들이 공통으로 하는 말이 있다. 열정을 가지고 시도해라. 그리고 분야에 앞서 성공한 멘토를 만나라. 학창시절부터 줄곧 들어온 말이다. 나도 성공하고자 하는 열망이 생길 때마다 멘토가 있었으면 했다. 시중에 흔한 자기계발서를 보면 멘토의 중요성이 많이 나온다. 나도 내 분야에서 멘토가 있기를 바랐다. 앞서 이룬 선배로부터 실질적인 조언을 듣고 싶었다. 회사에서 선배나 사장님들로부터 그런 정보를 기대하기도 했다. 회사 업무적으로는 선배나 사장의 도움을 받을 수 있지만, 추가적인 것을 기대하기는 어려웠다. 회사의 사장이라면 조언을 해 줄 수 있는 경험이 충분히 있지만, 내게 알려주면 회사를 나와서 경쟁업체가 되기 때문에 이루어질 수 없는 일이었다. 현실에서 멘토를 구하는 게 너무 어려웠다. 아무리 어려워도 멘토는 있어야 한다. 멘토는 한 치 앞도 안 보이는 터널에서 밖으로 나올 수 있는 방향을 제시해 줄 수 있다. 방향이 잘못됐다면 아무리 열심히 뛰어도 출구에서 오히려 멀어질 수 있다.

올해 초, 이루고 싶은 목표 10가지 적어봤다. 그중에 책 출간이 있는데 적을 때만 해도 구체적인 계획이 없었다. 일기도 쓰지 않는 내가 갑자기 책을 쓴다고 생각하기가 쉽지 않았다. 책을 쓰는데 멘토가 있을 거라는 생각도 못 해봤다. 우연한 기회에 지인의 소개로 멘토를 만나게 되었다. 지극히 평범한 나에게 글을 써야 하는 이유를 분명하게 알려 주었고 나도 할 수 있다고 동기를 유발했다. 그리고 구체적인 방법을 제시해주어 그대로 하루하루 글을 쓰고 있다. 글을 쓰기 시작할 때만 해도 과연 내가 할 수 있을까 걱정했지만 2주가 지난 지금 어느덧 분량의 80% 정도를 채워가고 있다. 이제는 현실적으로 나도 작가가 될 수 있다는 확신이 생겼다. 초고를 다 쓰고 출간이 되면 그다음 목표를 향해 가면 되는 것이다.

모든 게 비슷하지 않을까 싶다. 원하는 게 있는가? 무엇부터 실행할지 생각해 보고 실천하라. 무엇부터 할지 모르겠는가? 그럼 멘토를 구해라. 멘토는 성공한 사람뿐만 아니라 책, 인터넷, 유튜브에서 나오는 정보가 될 수도 있다.

성공하는 사람이 따로 있는 게 아니다. 과거에는 왕재가 따로 있다고 여겨 한 가문에서만 왕을 이어갔다. 오늘날은 출신과 상관없이 대통령에 당선되는 시대이지 않은가? 일도 마찬가지다. 직업이 계급별로 나눠 지지도 않았고 계급도 없다. 성공하는 사람이 타고나는 게 아니라 성공한 사람을 따라가다 보면 성공하는 것이다.

더는 신분제도는 없지만, 자본에 따라서 계층이 나뉘었다. 스스로 속한 계층에 만족한다면 머물러도 좋다. 그게 아니라면 삶의 방향을 일러줄 몽학선생을 찾아 탈출하도록 하자.

부자란 무엇인가?

얼마면 되는데?

부자를 정의할 수 있을까? 사전에서 부자는 재물이 많아 살림이 넉넉한 사람을 뜻한다. 얼마를 가져야 살림이 넉넉한 것일까? 애초에 상대적인 개념이기에 부자는 '얼마를 가지고 있어야 한다'라고 정의할 수 없지만, 보편적인 개념을 생각해 보자. 노동하지 않고 이자나 수익으로만 중산층 이상의 삶을 유지할 수 있는 자산가 정도가 될 것이다. 오늘날 현금 자산으로 100억 원 정도가 있으면 부자라 하기에 무리가 없을 듯하다.

마음의 부자도 부자일까? 마음의 부자는 마음에 기쁨이 넘쳐날까? 끊임없이 마약을 투약하거나 비슷한 수준의 행동이 수반되지 않으면 불가능할 거로 생각한다. 그리고 마약이나 유사 행위로 높아진 세로토닌이나 도파민 같은 신경 전달 물질은 금단현상을 필연적으로 동반한다. 기분이 좋아진 만큼 행위가 없어졌을 때 내려간다는 말이다. 한때 대한민국 청소년 사이에서 크게 인기를 끌었던 스타크레프트 게임을 예로 들면 적절할 듯하다. 테란 종족에 마린과 파이어뱃이 스팀백이라는 기능을 쓰면 걸음이 빨라지고 공격력이 좋아진다. 적절한 시점에 쓰면 효율적으로 적을 제압할 수 있다. 하지만 스팀백을 쓰는 만큼 체력이 고갈되기 때문에 방어력이 떨어져 적의 공격에 쉽게 전멸하기도 한다.

어쩌면 마음의 부자는 무소유가 아닐까 생각된다. 평생 무소유의 삶을 실천한 법정 스님도 고무신 한 켤레와 장삼 하나만 가졌어도 마음의 풍요를 즐겼다고 한다. '소유냐 존재냐'의 저자 에릭프롬은 인류의 역사를 돌이켜 볼 때 소유의 가치를 낮게 평가했다. 소유는 자본주의 사회에서 특수한 방식일 뿐, 예수나 석가 등 위대한 성인들은 소유하지 않는 삶을 강조했다는 것이다.

조금만 생각해 봐도 진정한 의미에 소유는 성립하지 않는다. 돈은 인간이 보편적으로 합의한 가치이고 지폐는 증서로서 종이에 불과하다. 모든 사람이 종이로 만들어진 돈이 가치가 있다고 생각하기 때문에 돈이 제 기능을 하는 것이다. 어떻게 보면 보이지 않는 신을 믿는 것과 비슷한 정도의 믿음이 없으면 성립할 수 없는 가치라고 할 수 있다.

사랑하는 연인은 서로에게 구속되고 소유했다고 여기고 싶지만 완벽한 소유란 가당치도 않다. 부모도 자식을 온전히 소유할 수 없는데 아무런 혈연적 관계가 없는 타인이 소유할 수 있겠는가.

이외에도 물질적인 물건이나 보이지 않은 관계, 믿음을 우리는 소유했다고 여긴다. 믿음이란 말 개념 자체가 의심을 동반하기 때문에 완전할 수 없다. 신을 믿는 믿음도 의지적으로 믿는다고 세뇌할 수 있을지는 몰라도 순간순간 이성의 의지와 무관하게 스치는 생각 속에 불신은 막을 방법이 없다.

우주에 있는 모든 물체는 원자로 구성되어 있고 원자는 전자와 원자핵으로 이루어져 있다. 전자와 원자핵을 들여다보면 사이에 공간이 큰데 이 공간을 압축해 버리면 사람 크기의 물체는 보이지도 않는 먼지처럼 작아진다고 한다. 1000억 개의 별로 이루어진 우리 은하와 우주 전체의 물체를 압축하면 테니스공 크기로 줄어든다고 한다. 빅뱅이론을 반대로 해석하면 이렇게 될 것이다. 이렇게 따지고 보면 우리가 사는 지구도 먼지와 같은 존재다. 하물며 마천루 빌딩이라 할지라도 보이지 않는 헛것에 불과하리라 생각된다. 우리가 그토록 소유하기를 열망하는 물체는 물리적으로 따져도 애초에 형체가 없다는 말이다.

그러니 소유하지 말자는 말이 아니다. 인간은 소유하고 싶어 한다. 비교하고 남들보다 우위에 있고 싶어 한다. 다만 실체를 알고 소유하자는 말이다. 평생 거지처럼 아무것도 가지지 못할 수도 있고 로스차일드 가문처럼 역사를 움직일 만큼 많이 소유할 수도 있다. 가졌다면 누리면 된다. 하지만 소유했다고 여겼던 걸 잃었다고 해서 크게 상실감을 느낄 필요가 없다는 말을 하고 싶다. 원래 소유했다고 여겼을 뿐 소유할 수도 없는 허상이었고 소유한 적도 없기 때문이다. 반대로 평생 알거지로 산다고 해서 열등하다 비관할 필요도 없는 것이다. 우리가 평생 소유하고자 했던 유형무형의 것들은 죽음이라는 마지막을 놓고 생각해 보면 큰 의미가 없다. 어릴 적, 기를 쓰고 모으려고 했던 딱지나 구슬과 비슷할 뿐이다. 시간 가는 줄 모르고 구슬 따는 데 여념 없던 아이는 어머니가 밥 먹으라고 부르는 소리에 뒤도 안 보고 집으로 가지 않는가? 그리고 그 구슬이 아무런 가치가 없다고 느껴지는 성숙한 시점이 오면 더 구슬을 모으려 애를 쓰지 않게 되는 것이다.

현재 우리나라에서 제일 높은 건물은 제2 롯데타워다. 제2 롯데타워를 보면 어떤 생각이 드는가? 난 지나갈 때마다 이런 생각을 해봤다.

'참 거시기 같이 생겼다.'

누구나 성공하고 부자가 되고 싶어 한다. 나도 부자가 되고 싶다. 부자가 되어 건물주가 되고 싶다. 부를 좇아 사는 우리의 인생이 어쩌면 높고 화려한 빌딩으로 상징되는 "거시기"같은 모습이 아닐까 생각해봤다. 누가 더 크고, 매력적인 "거시기"를 만드는지 경쟁하고 있다. 부나 성공은 각자의 가치관에 따라 다른 분야일 수 있다. 누구에게는 건물이 될 수 있고, 다른 이에게는 권력이나 명성일 수도 있다. 학자에게는 지식이나 사회적 지위가 될 수도 있고, 봉사자에게는 보람일 수 있다. 무소유를 주장한 법정 스님에게는 "무소유의 삶"이라는 타이틀이 그분이 열망하는 "거시기"가 된다. 성화의 삶을 사는 종교인에게는 성화의 정도가 "거시기"의 크기가 될 것이다. RPG 게이머에게는 레벨로 볼 수 있다. 어쩌면 우리 인생은 각기 다른 분야에서 나만의 특별하고 우월한 "거시기"를 완성하기 위한 경합의 현장일지도 모른다. 그런 의미에서 각자의 성공과 행복을 위해 열심히 사는 우리 인생이 채워도 채워지지 않는 성욕을 좇는 모습이 아닌가 하는 생각이 든다.

짝짓기 철에만 성기를 사용하는 동물과 달리 인간은 짝짓기 철이 따로 없다. 언제나 발기된 욕망으로 각 분야의 "거시기"를 키우려 고군분투한다. 태생적으로 동물과 다르게 시도 때도 없이 발기되는 "거시기" 때문에 신경을 안 쓰고 살 수 없다. 의지와 관계없이 발기되면 욕망이 발현된다.

우리는 똑같은 모습으로 태어나지 않지 않았는가? 조물주는 우리에게 각기 다른 모양과 크기의 "거시기"를 허락했다. 백인 "거시기"가 다르고, 흑인 "거시기"가 다르다. 동양인의 "거시기"는 그중에서 크기가 작기로 알려져 있다. 크기가 작고 못났을 수도 있다. 매력적이지 않을 수도 있다. 중요한 것은 매력적이지 않다고 생각하는 열등감에 있는 것이다. 우리는 각자의 "거시기"를 사랑하고 나름의 가치를 찾아야 한다. 나의 "거시기"가 한쪽으로 기울었거나 크지 않아 매력적이지 않다고 생각할 수 있다. 하지만 "거시기"의 크기와 오르가슴의 정도와는 상관관계가 없다.

인생도 다르지 않다. 각 분야에서 성공하고 싶어 하는 열망은 매력적인 "거시기"를 자랑하고 싶어 하는 마음과 같을 것이다. 하지만 행복은 오르가슴처럼 매력적인 "거시기"를 가진 사람에게만 제한된 게 아니다. 기능적으로 문제만 없으면 누구나 오르가슴을 느낄 수 있다. 어떤 모양과 크기의 "거시기"를 가졌어도 오르가슴을 느낄 수 있듯이 현재 있는 모습 그대로 누구나 행복할 수 있다.

그리고 보니 사는 게 참 "거시기" 같다. 의심하지 말고 각자의 "거시기"를 사랑하도록 하자.

우리는 부자가 되어야 한다. 시도 때도 없이 발기하는 "거시기"를 선물로 받은 인간에게 피해갈 수 없는 숙명이다. 분야는 달라도 각자가 원하는 성공이 있을 것이다. 더 큰 효용 감을 줄 것이다. 그러나 거기에 너무 집착하지 말도록 하자. 오르가슴이 지속하지 않는다고 해서 주구장창 섹스에만 몰입할 수는 없지 않은가. 더 큰 쾌감을 위해 마약에 손대지 말자. 남들과 비교했을 때 비치는 나의 모습이 나를 설명할 수는 없다. 더구나 내 자아로 인정할 수도 없다. 나는 나일 뿐이다. 작다고 주눅 들지 말고 크다고 우쭐대지 말자. 남자의 오르가즘은 "거시기"의 크기와 관련이 없다. 실제로 사이즈에 연연하다 보면 잠자리에서 발기도 잘 안 되지 않는가? 본인 사이즈에 자신감을 가지고 편안하게 사용(?)할 때 서로에게 만족스러운 시간을 보낼 수 있다.

행복이란 무엇인가?

행복이 막연하고 이상적이면서 설명하기 어려운 추상적인 거라면
당신은 절대로 행복해질 수 없다!

어쩌면 도전을 하고 안 하고는 중요하지 않다. 이에 앞서 더 중요한 게 있다면 직업을 포함한 나를 대변하는 '나'라는 존재에 대한 인식이다. 직업과 각종 타이틀로 꾸며진 '나'는 결코 나를 대변하지 않는다. 미국에 한 억만장자가 사업이 기울어져 재산이 3천억으로 줄었다고 한다. 그는 '나는 망했다.'라는 유서를 쓰고 자살했다고 한다. 궁극적으로 나는 억만금의 자산을 소유한 '나'가 아니다. 애초에 돈이라는 것도 사회적인 약속으로 가치가 있다고 여겨지는 것일 뿐 그 자체에 가치가 있는 것도 아니다. 돈이라는 사회적 약속의 가치는 그 사람을 설명할 수 없다. 애초에 돈 자체에는 가치도 없으니 소유할 수도 없고 소유한다 해도 그것이 사람의 자아가 될 수 없다.

사랑하는 애인과의 이별을 비관해 자살하는 사람도 종종 있다. 이별의 아픔이 있다는 말에는 대상을 사랑보다는 집착했다는 말을 내포한다. 진정 사랑한

다면 이별했다고 해서 상처가 될 수 없다.

집착은 과거 어머니와의 분리불안에서부터 시작된 것으로 다양한 대상으로 확대된다. 대표적으로 돈, 사랑, 성공, 외모, 성격, 봉사, 자식, 취미, 종교 등으로 거의 모든 것이 우리의 집착의 대상이 되어버린다. 집착한다는 것은 의존한다는 말이고 집착하는 대상의 상태에 따라 우리의 감정도 흔들리게 되는 것이다. 무엇이 성공인지 다시 정의해보기 바란다. 열거된 집착의 대상 중 하나를 이루는 게 성공이라면 어릴 적 분리불안으로 시작된 불안을 해소하고자 하는 마음에 불과하다는 사실을 인지하기 바란다.

불교에서 중생의 인생은 고해 즉, 고통의 바다라고 설명한다. 삶이란 기쁨과 슬픔, 좋은 일과 나쁜 일이 반복되는 것이고 이를 '고'라고 한다.

결국, 우리는 자존감을 챙기는데 우선순위를 두어야 한다. 먼저 아무것도 아닌 자연인으로서 "나"를 충분히 사랑해야 한다. 어떠한 환경에 있더라도 말이다. 신체에 장애가 있거나 지능이 떨어져도 모든 사람의 삶에는 의미가 있고 가치가 있는 것이다. 어떠한 위치에 오르거나 능력을 성취하는데 삶의 의미가 있는 게 아니라는 말이다.

법륜스님 말처럼 산에 다람쥐가 신세 한탄을 하며 살지 않지 않은가? 다람쥐는 그냥 살 뿐이다. 주어진 삶에 순응하며 사는 것이다. 인간이 다람쥐만도 못하지는 않지 않은가? 우리는 다람쥐보다 물질적으로 정신적으로 고차원적인 삶을 살고 있다. 그런데도 미물보다 못한 만족감을 느꼈다면 다시 잘 생각해 봐야 할 것이다.

우리는 누구나 행복할 수 있다. 하지만 다수의 사람은 스스로가 불행하다고 여긴다. 특히 우리나라는 경제력과 비교하면 행복지수가 높지 않은 나라로 잘 알려져 있다. 자살률은 세계 1위 수준이다. 사회 전체적으로 획일화된 기준으로 줄을 세우는 문화 안에서 만족할 수 있는 사람은 상위 극소수에 불과하다. 그렇다고 상위 극소수만 행복할 자격이 있다고 하면 그 기준이 잘못된 것이다. 삶의 만족 기준을 다시 생각해 봐야 한다. 득도해서 기준 자체를 없애버릴 수도 있고, 수행을 통해 스스로를 객관적인 관점으로 바라볼 수도 있다. 이 부분은 법륜스님의 가르침이 탁월하니 참고하길 바란다.

　그런데도 내면 깊숙한 곳에서부터 끓어오르는 욕망이 있을 것이다. 현재 삶에 대한 불만족 감이다. 무언가 새로운 현실을 갈망한다. 그렇다면 그 욕망을 도전의 힘으로 활용해야 한다. 주변 사람의 시선을 신경 쓰지 말아야 한다. 생각보다 주변 사람은 내 인생에 관심이 없다. 내가 친구를 걱정해주는 표현은 마음의 진심보다 과하게 전달 될 수 있다. 하지만, 바쁜 내 일이 있으면 친구를 향한 내 마음에 지속성을 가지기 어려워진다. 남도 마찬가지다. 인생에 우선순위는 본인의 삶이지 타인이 될 수 없다.

　행복은 스스로 만들어 가는 것이다. 아무도 행복한 상태로 태어나지 않았다. 올바른 행복의 정의가 우선되어야 한다. 행복은 기분 좋은 상태가 지속하는 것이 아니다. 기분 좋음은 시냅스에서 신경전달물질의 양에 따라서 좌우되는 것이다. 시냅스의 신경전달물질의 양이 줄어들게 되면 기분 좋아졌던 크기만큼 상대적으로 기분 나쁨을 겪게 된다. 불교의 고해 개념과 비슷하다. 간단하게 기분 좋은 상태를 유지하려면 기분 좋게 하는 신경전달물질을 지속해서 투약받으면 된다. 하지만 누구도 행복을 위한 노력으로 지속해서 마약을 투약하거나 술을 마시지는 않지 않은가? 행복의 정의를 낮춰야 한다. 성경에 나오는 "항상 기뻐하라" 구절의 환상에서 벗어나야 한다. 기분이 항상 기쁜 사람은 의학적으로 조증이라고 하지 행복한 사람이라고 하지 않는다. 항상 기뻐하라는 것은 어떤 착한 짓을 해도 구원의 자격이 없는 죄인에게 값없이 주어진 구원의 은혜에 깨달음이 왔을 때 이성적으로 기쁘다(좋다, 만족한다, 선하다)는 의미로 해석해야 한다. 행복은 감정적 흥분상태가 아니라 감정의 편차가 크지 않은 안정적인 상태를 향해야 한다. 크게 기쁘지 않고 크게 우울하지 않은 상태를 말한다. 크게 기뻐한 사람은 크게 기뻐야 행복하다고 생각한다. 마약과 같은 것이다. 잘못 정의된 행복을 위해 끊임없이 더 큰 기쁨을 줄 수 있는 자극을 찾게 되는 것이다. 더 큰 자극을 유도하는 사회에서 마약을 악으로 보는 관점은 모순이라 볼 수 있다.

누구나 행복할 권리가 있다. 그리고 누구나 행복해질 수 있다. 행복의 의미와 스스로의 가치관을 잘 되새겨 보기를 바란다. 남들이 만들어준 기준이 아니라 스스로를 긍정적으로 평가하는 것에서부터 시작하는 것이다. 그리고 이러한 심리 상태를 유지하기 위해서는 일정 기간 이상의 훈련과 연습이 필요하다. 다시 말하면, 행복은 내가 원하는 만큼의 돈이나 지위 또는 권력을 얻어야만 가질 수 있는 흥분되는 기쁨의 상태가 아니라, 연습하고 훈련하면 누구나 도달할 수 있는 심리적 상태라 말하고 싶다.

스스로의 모습 그대로를 인정하자. 인생의 주인이 되자. 행복은 먼 미래에 우리가 성취해야 할 목표가 아니라 지금 당장 마땅히 누려야 할 심리적 상태임을 잊지 말자. 그리고 행복하자!

마치는 글

누가 인생이 아름답다고 했는가. 인생의 아름다움은 부딪히고 깨지고 넘어졌다가 다시 일어서야만 비로소 회상할 수 있다. 새로움은 늘 두려움을 암시한다. 도전은 새로움이다. 그래서 늘 두렵고 고통스럽다. 하지만, 새로운 도전 없이는 인생이 무엇인지도 왜 사는지도 알기가 어렵다. 나이를 먹어서 늙는 게 아니라 정체하기에 늙는 것이다. 그래서 나는 도전해 왔고 앞으로도 도전할 것이다.

나는 지금까지의 경험으로 많은 것을 깨달았다. 많은 궁금증이 있었지만, 경험을 통해 답을 얻었다. 종교, 철학, 회사생활, 군 생활, 정치, 사랑, 우정, 자아, 꿈, 수영, 골프, 헬스 등 경험을 통해 머릿속 관념과의 차이를 줄여나갔다.

인생을 비극으로 마치겠는가? 해탈에 이르겠는가? 젊음을 유지하겠는가 살았지만 죽은 자로 살겠는가?

도전하는 자만이 역사의 주인공이 될 수 있다. 역사의 주인공이 되는 것이 인생에 큰 의미가 있다고 볼 수는 없겠지만 스스로에게 의미 있는 인생을 살도록 하자는 말이다.

우리는 수 없이 많은 제약에 길들어 살고 있다. 여러 사람이 더불어 사는 사회에서 갈등을 최소화하며 살기에 최적화되어가는 시스템이라고 생각한다. 하지만 과하게 꿈까지 부정하며 길들 필요는 없다. 우리는 고대 노예사회, 중세 봉건사회를 거쳐 현대 자본사회에 살고 있다. 과거에는 신분제도가 자아를 대변해 주었다면 오늘날은 그 역할을 자본이 대신해주고 있다. 차이점이 있다면 태생적으로 극복하지 못할 것이 아니라는 점이다. 사회 주류인 자본가들이 서민과 줄만 그었다면 우리는 그 위에 진입장벽을 쌓고 있다. 주류에 의해 형성된 학습된 무기력으로 할 수 있다는 도전의 의지를 꺾어 왔다. 마음속에 스스로 신분제도를 만들어 가고 있다. 이러한 수동적인 사고의 결과로 흙수저 금수저라는 신조어도 생겨났다. 일방적으로 수탈당하던 노예는 결국엔 봉기를 일으켰다. 봉건사회의 하층민도 때때로 거사를 일으켜 사회의 주인이 되어왔다. 이러한 도전 덕분에 사회는 발전하였고 현대사회에 이르렀다고 볼 수 있다. 이 시대 의식을 가지고 있는 젊은이라면 깨어 일어나야 할 것이다. 눈을 뜨고 세상을 보면 아무도 우리를 가두지 않는다는 것을 볼 수 있다.

가장 한국적인 것이 세계적인 것이다. 독일 사람에게 자동차를 자랑하겠는가? 중국인을 대상으로 인구수를 자랑하겠는가? 미국인 앞에서 영어를 자랑하겠는가? 외국인에게는 우리만의 것을 자랑해야 마땅하다. 우리 문화는 민족의 특성을 바탕으로 빚어진 역사의 산물이다. 한옥, 존댓말, 김치를 비롯한 우리의 문화는 비교 대상이 없다. 자체만으로 충분한 가치가 있는 것이다.

개인도 마찬가지다. 한국을 알리기 위해 무엇보다 역사에서 빚어진 문화 산물을 내세우듯 우리를 빛내줄 것은 남들과 비교될 수 없는 각자의 삶이다. 각자의 경험과 역사를 바탕으로 그려진 고유한 존재 자체를 말하는 것이다. 더는 남들과 획일화된 기준으로 내 삶을 판단하지 말자. 그리고 뒤처져 있다고 해서 불안해하지 말자. 우리는 예외 없이 각자의 삶에서 일인자다. 경쟁도 비교도 없이 말이다. 흙수저 위에 금수저 있다면 금수저 위에 꿈 수저 있다. 경험의 재산을 적극적으로 축적하여 풍요로운 삶을 누리도록 하자.

원하는 게 있는가? 먼저 행동하고 나중에 고민하라. 경험하기 전에 우리의 생각에는 한계가 있다. 생각에 재료가 될 만한 재료가 부족한 것이다. 아무런 경험 없이 생각으로만 형성된 이성에 대한 이상형의 비현실성은 설명하지 않아도 의미 없음을 잘 알 것이다. 여성을 만나보고 경험해 봐야 머릿속 생각과 같은지 알 수 있다. 삶도 다르지 않다고 본다. 해보지 않고 어떻게 알겠는가? 운이 좋으면 처음 선택한 일에서 만족하고 행복을 찾을 수도 있겠지만, 아닌 경우가 더 많지 않은가?

군대에서 전출 가게 되면서 큰 죄인이 되었다. 새로운 부대에서 영원히 나를 따돌릴 것 같았다. 단국대로 편입하면서 기존 학생들이 편입생인 나를 무시하고 따돌릴 것으로 생각했다. 전 학교에서 내가 편입생을 그런 시선으로 바라봤기 때문이다. 뉴질랜드에서 영어 한마디 제대로 못 해 몇 개월간이나 우울하게 지냈다. 영어는 거의 포기할까 했고, 외국인 친구 사귀는 건 상상이 잘 안 됐다. 사과농장에서 해고되고 좌절했다. 앞으로 무슨 일이나 제대로 할까 싶어 겁이 났다. 군대와 비슷한 분위기인 제약 영업을 하면서 두려웠다. 선배들은 나를 혼내기 위해 존재하는 것 같았다. 그렇다고 이직하기도 겁이 났다. 남들이 나를 끈기없는 사람으로 보는 게 수치스러웠다. 수치스러운 이직을 여러 번 하는 스스로가 너무 싫었다. 마지막 직장을 그만두면서는 스스로를 "사회 부적응자"로 여겼다. 부모님과 다른 종교관을 가져 두려웠다. 가족과 영영 대화할 수 없을 것 같았다. 호주로 도망치듯 가게 되어 막막했다. 한국 사람으로서 한국에서 인생은 망했다고 생각했다. 싱가포르로 가면서 취업이 안 되면 어떡하나 걱정했다. 사회 부적응자임이 들켜지면 어느 회사에서도 나를 받아주지 않을 것 같았다. 다시 한국으로 돌아오며 막연했다. 다시는 돌아오지 않을 줄 알았는데, 여자친구와 결혼하고 싶은 욕심으로 기댈 가족을 찾았다. 보험영업을 시작하며 떳떳하지 못했다. 해외 생활을 하면서 뜸해진 지인들에게 연락하는 일이 생겼다. 그들이 나를 어떻게 평가할지 생각하면 지금도 얼굴이 상기된다. 내 일을 위해 가슴 뛰는 도전을 하면서도 불안하다. 한 번도 이렇게 집중해서 시도해보지 않았기 때문이다.

수많은 도전과 시도가 있었다. 그때마다 고민과 염려도 함께 했다. 걱정했던 만큼 큰일은 일어나지 않았다. 전출 간 부대에서 시간이 지나면서 사람들과 친해져 잘 적응했고 이로 인해 포상휴가도 받았다. 편입한 대학교 식영과에서는 희소한 남학생으로서 인기도 누렸지만, 경영학 복수전공에 장학금 성취도 이뤘다. 뉴질랜드에서 처음엔 몇 달 동안 실력이 거의 안 늘었지만, 차츰 좋아져 외국인과 편하게 대화하는 수준이 되었다. 이를 바탕으로 백인 여자친구를 만나기도 했다. 사과농장에서 해고되어 좌절했지만, 이후에 한 번도 해고된 적이 없었다. 제약회사에서는 성실하다고 인정받았고 매출도 신장하여 성공사례 발표를 했었다. 이후 여러 회사에 이직했지만, 아직도 그 회사들에서 같이 일하자고 연락이 온다. 가족과 종교관이 다르지만, 서로의 다름을 인정하고 논쟁하지 않게 되었다. 막막했던 호주에서 여러 경험을 하게 되어 많은 것을 배웠다. 호박팀 팀장으로서 관리자 역할을 했고, 일식집에서 요리사가 되었다. 싱가포르에서 취업에 성공하면서 이상적인 직장생활을 경험했다. 새로운 일에 도전하면서 두렵기도 하지만 하고 싶은 일을 찾아가는 즐거움도 동시에 느끼고 있다.

이상 경험을 통해 느낀 바, 법을 어기지 않는 한도 내에서 마음껏 경험해야 한다고 생각한다. 이것저것 마음대로 해봤는데 인생 망하지 않았다. 오히려 새로운 도약을 위한 밑거름이 되어주고 있다. 경험을 통해 많은 호기심을 해소했다. 인생의 궁극적인 질문에도 깊이 생각해 보고 삶으로 살아봤다. 인생의 비밀이 여기에 있다고 생각한다. 경험해 보지 않고서는 인식에 한계가 있어서 그게 어떤 느낌인지 알 수가 없다. 안전한 삶과 자유로운 삶 중에 어떤 삶이 좋다고 할 수는 없을 것이다. 판단은 각자의 기준에 따르면 된다. 나는 앞으로도 자유 할 것이고, 미래의 경험을 통해 인생의 모자이크를 맞춰 갈 것이다.

"미친 짓(insanity)이란 똑같은 일을 반복하면서 다른 결과를 기대하는 일."

_알버트 아인슈타인

오 년 차 장대리는 왜 호주로 떠났을까?

초판 1쇄 발행 | 2019년 7월 10일

ㄷ지은이 | 장문식
펴낸이 | 공상숙
펴낸곳 | 마음세상

주 소 | 경기도 파주시 한빛로 70 515-501

출판등록 | 2011년 3월 7일 제406-2011-000024호

ISBN | 979-11-5636-350-7 (03190)

원고 투고 | maumsesang@nate.com

ⓒ장문식, 2019

* 값 13,300원

* 마음세상은 삶의 감동을 이끌어내는 진솔한 책을 발간하고 있습
니다. 참신한 원고가 준비되셨다면 망설이지 마시고 연락주세요.

이 도서의 국립중앙도서관 출판예정도서목록(CIP)은 서지정보유
통지원시스템 홈페이지(http://seoji.nl.go.kr)와 국가자료종합목록
구축시스템(http://kolis-net.nl.go.kr)에서 이용하실 수 있습니다.
(CIP제어번호 : CIP2019022736)